Émotion,
quand tu nous tiens !

STÉPHANIE MILOT
B.Sc., Psyt.

avec la collaboration de Corinne De Vailly

Émotion, quand tu nous tiens !

Les Éditions
LOGIQUES

QUEBECOR MEDIA

Catalogage avant publication de Bibliothèque et Archives Canada
Milot, Stéphanie,
    Émotion, quand tu nous tiens !
    Comprend des réf. bibliogr.
    ISBN 2-89381-948-6
    1. Émotions. 2. Maîtrise de soi. 3. Réalisation de soi. I. Titre.
BF532.M54 2005   152.4   C2005-941684-X

Révision linguistique : Corinne De Vailly
Correction : Céline Bouchard et Pascale Jeanpierre
Mise en pages : Luc Jacques, CompoMagny
Photo de la couverture : Pierre Dionne
Graphisme de la couverture : Christian Campana

LOGIQUES est une maison d'édition agréée et reconnue par les organismes d'État responsables de la culture et des communications.

Remerciements

Les Éditions Logiques reconnaissent l'aide financière du gouvernement du Canada par l'entremise du Programme d'aide au développement de l'industrie de l'édition (PADIÉ) pour ses activités d'édition. Nous remercions la Société de développement des entreprises culturelles du Québec (SODEC) du soutien accordé à notre programme de publication. Gouvernement du Québec – Programme de crédit d'impôt pour l'édition de livres – gestion SODEC.

Les Éditions LOGIQUES
7, chemin Bates, Outremont (Québec) H2V 4V7
Téléphone : (514) 270-0208 Télécopieur : (514) 270-3515

Distribution au Canada
Québec-Livres
2185, autoroute des Laurentides, Laval
(Québec) H7S 1Z6
Téléphone : (450) 687-1210
Télécopieur : (450) 687-1331

Distribution en France
Casteilla/Chiron
10, rue Léon-Foucault
78184 Saint-Quentin-en-Yvelines
Téléphone : (33) 1 30 14 19 30
Télécopieur : (33) 1 34 60 31 32

Distribution en Belgique
Diffusion Vander
avenue des Volontaires, 321
B-1150 Bruxelles
Téléphone : (32-2) 761-1216
Télécopieur : (32-2) 761-1213

Distribution en Suisse
TRANSAT SA
Distribution Servidis s.a.
Chemin des Chalets
CH-1279 Chavannes-de-Bogis
Téléphone: 022-960-9510
Télécopieur: 022-776-3527

© Les Éditions Logiques inc., 2005
Dépôt légal : 3ᵉ trimestre 2005
Bibliothèque nationale du Québec
Bibliothèque nationale du Canada
ISBN : 2-89381-948-6

Table des matières

Introduction

Longtemps, je me suis posé les questions suivantes : Pourquoi certaines personnes semblent plus heureuses que d'autres ? Comment se fait-il que tout paraît plus facile et plus simple pour elles ? Pourquoi presque rien ne semble les affecter ? Seraient-elles plus chanceuses ? Comment expliquer que, contrairement à d'autres, elles arrivent à surmonter les épreuves de la vie avec une certaine maturité et une certaine sagesse ?

À l'inverse, pourquoi d'autres personnes donnent toujours l'impression qu'elles vivent un enfer sur terre ? Pourquoi tout a l'air de les accabler ? Comment expliquer que la vie semble toujours s'acharner sur elles ? Pourquoi la moindre petite épreuve devient une catastrophe à leurs yeux ?

Est-ce possible qu'au moment de notre naissance, une sorte de tirage au sort détermine ceux qui bénéficieront d'une vie heureuse et comblée et ceux qui auront plutôt une vie pénible et pleine d'embûches ?

Évidemment, je ne le crois pas !

J'ai commencé à m'intéresser à la croissance personnelle et au développement du potentiel humain alors que je n'avais que 16 ans. Ma première lecture fut *Pourquoi pas le bonheur ?* de Michèle Morgan. À cette époque, j'étais à la fois subjuguée et conquise par ses propos. À la lecture de ce livre, je venais de me rendre compte que je détenais le pouvoir de décider de ce que serait ma vie. J'avais aussi compris que j'avais le choix de la vivre en victime ou de réagir aux divers événements et épreuves que j'allais traverser en tentant d'en retirer des apprentissages.

Ce fut à ce moment-là pour moi le début d'une quête perpétuelle de lectures et d'information sur ce sujet qui me passionnait. Je dévorais livre après livre et, à l'occasion, certaines personnes de mon entourage me disaient : « Ne trouves-tu pas que ces livres sont redondants, quand tu en as lu un, tu les as tous lus ! »

J'avais beaucoup de difficulté à concevoir que quelqu'un puisse tenir de tels propos à l'égard de ces ouvrages que, personnellement, je trouvais excessivement enrichissants. J'ai compris, quelques d'années plus tard, que chacun avait droit à son opinion et qu'on n'était pas obligé d'apprécier ce qui, pour ma part, avait changé ma vie.

Je me plaisais souvent à dire que j'avais sans doute lu tous les livres qui existaient sur le sujet, de Norman Vincent Peale et Zig Ziglar à Napoleon Hill, en passant par Denis Waitley et Anthony Robbins, pour ne nommer que ceux-là.

Avec toute cette information en tête, je me sentais prête à affronter les aléas de la vie. Il m'apparaissait que j'étais destinée à vivre une vie extraordinaire. J'entamai donc ma vie d'adulte avec, en poche, plein de ressources à ma disposition. Jusque-là, je pouvais affirmer que ma vie avait été comblée sur tous les plans.

Née de parents extraordinaires, qui m'ont inculqué de belles valeurs et transmis une bonne dose de confiance en moi, j'avançais dans la vie avec enthousiasme et légèreté. Enfant unique, je vivais en banlieue de Montréal, dans un quartier relativement aisé.

Les années passaient et aucun nuage ne planait à l'horizon. Si la théorie du tirage au sort à la naissance s'était avérée vraie, j'aurais pu me dire que j'avais pigé le bon numéro.

À l'âge de 21 ans, après quelques années sur le marché du travail en tant que représentante des ventes pour d'importantes entreprises telles que Neilson Cadbury et Nabisco Brands, j'ai fait mon entrée à l'École des hautes études commerciales pour y obtenir un baccalauréat en administration des affaires. Tout se déroulait à merveille dans cette vie qui avait été jusque-là sans embûches majeures.

C'est à l'âge de 22 ans que j'eus l'idée d'ouvrir un commerce un peu particulier. En feuilletant *Le Journal de Montréal,* je suis tombée sur la publicité d'un commerce que j'ai trouvé particulièrement intéressant, un salon de coiffure érotique ! Je trouvais l'idée originale et surtout, étant toujours étudiante aux HEC, j'avais entendu un professeur nous dire : « Si vous voulez un jour atteindre l'autonomie financière, vous avez avantage à partir en affaires. » Cette phrase n'était pas tombée dans l'oreille d'une sourde...

À 22 ans, j'ouvrais donc ma première entreprise. Un peu particulière, j'en conviens, surtout aux yeux de ma mère qui a été quelque peu outrée lorsque, candidement, j'ai annoncé à mes parents que je me lançais en affaires. Sur le coup, ils ont été très fiers, mais lorsque je leur ai fait part du genre de commerce, ils déchantèrent rapidement. Qu'à cela ne tienne, ma décision était prise et, de toute façon, mon local était déjà loué.

Cinq années passèrent, tout se déroulait à merveille, le commerce allait bon train, j'avais obtenu mon baccalauréat, je m'étais mariée et j'avais aussi commencé à faire des investissements immobiliers et à suivre une formation dans ce nouveau domaine qui me fascinait, bref, tout allait pour le mieux.

C'est alors que, par un bel après-midi d'avril, un événement auquel je n'étais pas préparée s'est produit.

Descente policière dans mon commerce. Une foule de journalistes en face de l'établissement à attendre que l'on sorte. La première page du *Journal de Montréal* du lendemain matin titrait en gros « Curieux salon de coiffure ». La couverture d'*Allô Police* disait : « Stéphanie, dans l'eau chaude ! » Vous voyez un peu le tableau. Mon univers venait de basculer.

J'ai éprouvé à ce moment-là beaucoup de tristesse, mais aussi beaucoup de culpabilité de faire vivre cela à mes parents, mon conjoint et mes amies. Au cours de cette même année, j'ai eu à traverser un divorce, la vente de ma maison, deux déménagements, la fermeture de mon commerce, un procès et le début d'une nouvelle union qui, dès le premier mois, s'est révélée fort tumultueuse. Tous ces événements en si peu de temps m'ont quelque peu ébranlée.

Je me rappelle toutefois qu'à la fin du reportage qu'*Allô Police* avait fait sur moi, j'avais conclu l'entretien en disant : « Je vais tenter de voir le côté positif de tout cela. Je ne le vois pas encore, mais je sais que j'y arriverai ! » Mon éternel optimisme tentait tant bien que mal de reprendre le dessus.

À partir de ce moment-là, j'ai décidé de refaire ma vie dans une tout autre direction. J'ai fait le choix d'aller vers l'enseignement. Je me suis donc inscrite à l'Université de Sherbrooke afin d'y faire des études en pédagogie, dans le but d'obtenir mon brevet d'enseignement. La vie avait repris son cours normal. J'avais la nette impression que les nuages étaient derrière moi.

L'année suivante, j'ai décroché un poste d'enseignante au sein d'un établissement scolaire où j'enseignais en formation professionnelle à de jeunes adultes.

J'adorais ma nouvelle profession et aussi ma nouvelle vie. Je continuais de plus belle à parfaire mes connaissances en suivant des formations dans le domaine de l'investissement immobilier, dans le but de continuer à acquérir de nouvelles propriétés à revenus. La nouvelle direction que j'avais fait prendre à ma vie me satisfaisait grandement.

Quelques mois ont passé et un bel après-midi d'avril, encore une fois, j'ai reçu un appel d'un journaliste du *Journal de Montréal* qui me demandait si j'avais des commentaires sur un article qu'il allait publier le lendemain sur moi. Il me disait ne pas comprendre comment une personne qui avait eu un commerce comme le mien pouvait dorénavant enseigner. J'étais sous le choc. Je m'expliquais mal comment un journaliste qui ne me connaissait même pas puisse tenir des propos semblables à mon égard.

Avec du recul, je comprends qu'il ne faisait que son travail, mais j'avoue que sur le coup, la pilule a été difficile à avaler. Je l'ai imploré de ne pas faire cet article, mais en vain.

Suivant les conseils de ma commission scolaire, je n'émis aucun commentaire, mais je peux vous dire que ce n'était pas l'envie qui manquait. J'aurais voulu crier au monde entier mon incompréhension et mon désarroi face à ce nouvel événement qui venait chambarder ma vie.

J'avais emprunté une nouvelle direction et il me semblait que ce n'était pas encore correct pour certains! J'avais pris la décision de me réorienter et l'on venait à nouveau me critiquer. Je n'y comprenais plus rien.

La commission scolaire me renvoya chez moi pour une semaine, le temps que les dirigeants de l'établissement où j'enseignais puissent faire la lumière sur cette histoire.

Je pense que cette période fut encore plus difficile pour moi que la première. J'avais l'impression d'être dans un mauvais rêve. À nouveau, les médias s'emparaient de l'affaire. Le bulletin de nouvelles de 18 h, animé par Jean-Luc Mongrain, avait même fait un sondage afin de demander à la population québécoise si elle croyait que je devais réintégrer mon poste d'enseignante. Et 87 % des gens avaient répondu par l'affirmative. Cette fois, l'opinion publique était en ma faveur.

La semaine qui a suivi a été l'une des plus longues de ma vie. J'étais dans l'attente pour savoir si l'on me reprendrait comme enseignante. Au bout de cinq jours, on m'a téléphoné afin de me faire rencontrer les dirigeants de la commission scolaire. On voulait m'annoncer que je conservais mon poste. Remplie d'émotions, je suis donc retournée le lendemain devant les étudiants de ma classe, qui avaient vécu ce périple avec moi par l'intermédiaire des médias.

Encore une fois, ma façon de voir ces événements m'avait grandement aidée. Ça n'avait pas été de tout repos, mais je me relevais de nouveau pour repartir de plus belle.

L'année suivante, j'ai décroché un poste à l'École des hautes études commerciales à titre de chargée de cours au Département du marketing. J'y enseigne encore aujourd'hui.

Quelques mois ont passé et j'ai décidé de m'inscrire à une formation de deux ans en psychothérapie cognitive comportementale, qui me permettrait d'aider les gens à passer au travers des difficultés qu'ils rencontrent.

Une fois de plus, une nouvelle passion m'animait. À la suite de cette formation, j'ai ouvert mon bureau de consultation privée et j'ai fondé en 2002 l'entreprise Séminaires et Conférences Stéphanie Milot. Cette dernière offre de la formation en entreprises sur des sujets tels que la vente, le marketing et, bien évidemment, la gestion des émotions sur le plan organisationnel et personnel.

En 2004, j'ai pris la décision d'écrire un livre sur la gestion des émotions, fruit de mes études, de mes nombreuses lectures et de mon expérience en psychothérapie individuelle et de groupe.

Je souhaite ardemment que cet ouvrage vous soit d'une aide précieuse. Il se veut rempli d'exemples et d'outils intéressants pouvant vous aider à atteindre un meilleur équilibre émotionnel.

Si j'ai pris la décision d'inclure dans l'introduction de mon livre les événements qui ont marqué ma vie, c'est que je me suis dit que cela permettrait d'illustrer à quel point on peut parfois se relever après être tombé. Je voulais démontrer combien **l'attitude** que l'on adopte face aux divers événements douloureux peut se révéler salutaire.

Je suis consciente que certaines personnes ont vécu des épreuves beaucoup plus difficiles que les miennes dans leur vie, telles que la maladie ou la perte d'un être cher, et mon désir est de les aider.

J'ai toujours cru que l'on ne peut être crédible, lorsqu'on dispense des conseils aux autres, sans prêcher par l'exemple. Avec du recul, je constate que ma vie a été remplie d'une multitude d'expériences enrichissantes qui ont fait de moi la personne que je suis, avec mes forces et avec mes faiblesses.

Je vous souhaite une excellente lecture et une bonne route vers le mieux-être. En toute amitié.

STÉPHANIE MILOT

L'approche cognitive comportementale

L'approche cognitive comportementale dont s'inspire ce livre a été créée par des psychologues cliniciens dans les années 50, aux États-Unis. Elle est issue de la thérapie comportementale, ou la restructuration du comportement.

Parmi ces approches de psychothérapie, on trouve entre autres l'approche émotivo-rationnelle et la programmation neurolinguistique. **Dans cet ouvrage, des concepts et des théories provenant de ces deux approches seront utilisés.**

L'approche cognitive comportementale se veut l'analyse des pensées et des croyances, et des comportements qu'elles provoquent. L'un des éléments fondamentaux de cette analyse est la « restructuration cognitive », qui demande à la personne une remise en cause de son schème de pensée.

Elle ne s'intéresse pas au passé de l'individu, mais plutôt à la partie actuelle de son problème, celle que le sujet vit présentement, celle qui provoque une souffrance chez lui. Elle travaille sur les pensées et les comportements. Son application consiste à remplacer progressivement les opinions et les croyances irréalistes ou erronées pour induire graduellement de nouveaux comportements plus appropriés.

Chapitre 1

La gestion de l'intensité émotionnelle

Longtemps, les êtres humains ont été jugés sur la base de leur quotient intellectuel. Par des tests, il était possible de les classer et, selon les résultats, de les catégoriser. Le quotient intellectuel a été un élément de mesure servant à déterminer si tel ou tel individu allait réussir ou non dans la vie. Depuis, heureusement, les chercheurs se sont aperçu que le quotient intellectuel n'est pas le seul facteur à prendre en compte ; en fait, l'intelligence émotionnelle a aussi son importance.

Dans cet ouvrage, nous explorerons le concept de l'équilibre émotionnel par la gestion de l'intensité émotionnelle. Nous verrons comment assimiler cette manière de vivre à l'aide de divers concepts et de différents outils à la fois puissants, simples et faciles à utiliser au quotidien.

Pour commencer, une définition de la notion d'équilibre émotionnel s'impose. Et pour bien comprendre, rien de tel que de faire appel à un exemple concret.

Quel est votre désir le plus profond dans la vie ? J'entends déjà fuser la panoplie de réponses. Certains d'entre vous désirent plus que tout réussir leur vie familiale, pour d'autres, c'est la santé qui prime, d'autres encore veulent réussir leur vie professionnelle, gagner de l'argent... Bref, me voici devant une multitude de réponses, toutes aussi valables les unes que les autres, car je ne peux me porter juge de ce que vous désirez profondément.

Alors formulons notre question autrement. En partant du principe que le but ultime de tout être humain est avant tout d'être heureux, ma question est maintenant la suivante : « Pour vous, que veut dire être heureux ? »

Cette fois, il y a de fortes chances pour que nous nous mettions d'accord sur une seule réponse. Être heureux c'est, dans le courant de notre vie, dans notre quotidien, vivre le plus souvent possible des émotions agréables et le moins souvent possible des émotions désagréables. Être heureux veut aussi dire atteindre ses buts, réaliser ses rêves et, par conséquent, vivre des émotions agréables à la suite de leur concrétisation.

Dans un monde idéal, nous pourrions tous vivre uniquement des émotions agréables : la joie, la paix, la sérénité. Toutefois, il y a loin du rêve à la réalité. Dans le monde réel, tous, un jour ou l'autre, nous connaissons des émotions plus ou moins désagréables : de la tristesse, de la colère, de la révolte, de la culpabilité et de l'impuissance, de la jalousie même. Cependant, plus notre capacité à gérer l'intensité de nos émotions est élevée, plus nous avons de chances d'être heureux.

Cas vécu 1

Maxime vous confie qu'il est en colère. Sur une échelle de 1 à 10 (0 = pas du tout en colère ; 10 = excessivement en colère), il évalue l'intensité de sa colère à 3. Il est en furie contre son patron, parce qu'il pense que celui-ci n'aurait pas dû lui parler comme il l'a fait. À 3 sur 10, Maxime est capable de gérer sa colère et pourrait être capable d'aller parler à son employeur et de trouver les mots justes pour obtenir une explication. Toutefois, si Maxime évalue l'intensité de sa colère à 9 sur 10, il risque fort, en allant dans le bureau de son patron, de commencer à l'injurier, voire de claquer la porte en sortant.

Échelles de l'intensité émotionnelle de Maxime

0____3_____5_____10 (colère à 3 sur 10)
0_____5_____9__10 (colère à 9 sur 10)

Vous comprendrez que le comportement de Maxime va différer selon l'intensité de sa colère.

Jugez-vous son comportement approprié ?

Cela dépend de l'objectif que Maxime s'est fixé. Si son but est de conserver son emploi, ce n'est certes pas une bonne chose que d'injurier son employeur et de claquer la porte. En vivant de la colère à une intensité élevée, soit 9 sur 10, Maxime risque fort d'adopter des comportements inappropriés qui mettraient son emploi en péril. Par ailleurs, si son but est effectivement de quitter cet emploi, il n'a pas à se mettre dans un tel état de colère, il n'a qu'à dire calmement à son patron qu'il démissionne. Une colère à une intensité de 9 sur 10 n'est donc pas bonne du tout pour lui, elle ne fait que le mettre dans un état où il pourrait faire des gestes qu'il regretterait sûrement par la suite.

À la lecture de cet exemple, on voit que de vivre de la colère, de la tristesse, de la culpabilité ou toute autre émotion désagréable fait partie des choses normales de la vie. Et cela n'est pas vraiment un problème, tant et aussi longtemps que l'**intensité** de ces émotions n'atteint pas un point de non-retour.

Une croyance répandue

Nous reviendrons sur l'intensité émotionnelle. Examinons maintenant la portée d'une croyance fort répandue. La plupart des gens croient que ce sont les événements, les personnes ou les choses les entourant qui leur causent des émotions.

Grâce à ma profession d'enseignante et de psychothérapeute, je peux le vérifier chaque jour. Depuis plusieurs années, je me fais un devoir de demander à mes étudiants et à mes patients s'ils pensent que les événements qui se déroulent autour d'eux ont le pouvoir de leur causer des émotions. À coup sûr, la majorité répond par l'affirmative. Mais réfléchissons un peu plus à cette question. Si ce sont les événements et les personnes qui nous causent des émotions, comment expliquer que, témoins d'un même événement, deux personnes puissent avoir deux réactions complètement différentes, voire opposées. Évidemment, elles ont une éducation, des valeurs et un vécu différent mais, avant tout, elles perçoivent ces événements de façon différente. Ces deux personnes voient d'un œil différent ce qui s'est passé.

Exemple

Il y a quelques années, j'ai assisté à un colloque qui réunissait environ 10 000 personnes au Centre Bell de Montréal. Un certain W. Mitchell était au nombre des conférenciers. Au début de la vingtaine, M. Mitchell a eu un accident de moto. Il a perdu le contrôle de son engin et s'est retrouvé sous un camion dont il a percuté le réservoir à essence. Le feu s'est déclaré et il a été brûlé sur 80 % de son corps, notamment au visage. Pendant un an, il a vécu dans un centre pour grands brûlés, dans le but de subir plusieurs opérations et greffes et pour réapprendre à vivre. Quelque trois ou quatre ans plus tard, un autre accident, d'avion cette fois, l'a laissé paraplégique. Cet homme, brûlé, défiguré et handicapé, était porteur d'un message. Malgré les malheurs qui lui sont arrivés, il a simplement décidé de continuer à vivre. Non seulement M. Mitchell a décidé de vivre, mais il a aussi fondé une entreprise de plusieurs dizaines d'employés. Il fait maintenant le tour du monde pour prononcer des conférences, pour raconter son histoire et surtout pour dire aux gens : « Quand ça ne va pas bien dans votre vie, pour diverses raisons, des banalités souvent, pensez donc à moi. Je suis paraplégique et brûlé sur l'ensemble du corps. Pensez à moi. »

Cet homme a su faire de deux événements traumatisants de sa vie un moteur pour avancer, pour vivre. Il a su changer sa perception et l'interprétation de ce qu'il a vécu. D'autres auraient mis fin à leurs jours, à leurs souffrances, mais lui a décidé de faire autrement.

Ce jour-là, je me suis dit que cet homme était l'un des plus beaux exemples dans la vie. À la lumière de son expérience, je peux dire que ce ne sont pas les événements qui me causent des émotions, mais réellement l'interprétation que j'en fais, le regard que je porte sur ce qui m'arrive, sur ce qui se passe autour de moi.

Ainsi, à partir du moment où je décide de changer l'interprétation que je fais des événements qui m'arrivent, lorsque je ne suis plus une victime, je deviens maître de ma destinée, je deviens maître de mes émotions.

Certains objecteront que ce n'est pas facile de changer son interprétation des événements. Ils ont raison. Si c'était facile, il ne serait pas nécessaire d'écrire un livre sur le sujet et, en tant que psychothérapeute de formation, je n'aurais pas de clientèle, il n'y aurait pas de travail pour des gens comme moi. Toutefois, est-ce plus facile de continuer à vivre des émotions désagréables? De s'entêter à entretenir des idées irréalistes qui nous font souffrir? Ce n'est pas plus facile, vous en conviendrez.

Par contre, avec des outils simples à utiliser et quelques conseils mis en application, tout devient possible.

Changer ses émotions

Toutes les semaines, des milliers de personnes se pressent aux cabinets des psychothérapeutes, partout au Québec. Évidemment, pour consulter un psychothérapeute, il faut avoir des choses à régler. Parmi les principaux sujets de consultation, on trouve la difficulté à gérer ses émotions, à subir des épreuves.

À tort, une forte majorité de gens se voient comme les victimes des événements; pour beaucoup, ce qui leur arrive est la faute des autres : de leur patron, de leur conjoint, de leurs parents, etc. À partir du moment où il rejette la faute sur les autres, l'individu diminue d'autant son pouvoir. Ne dit-on pas qu'on ne peut pas changer les autres? Toutefois, il est possible de se changer soi, de modifier sa propre façon de voir.

La provenance des émotions

Trois causes ont été déterminées. La première, sensorimotrice, relève de la perception par les sens : le toucher, le goût, la vue, l'odorat, l'ouïe. La perception sensorimotrice peut causer des émotions. Le deuxième type de perception relève de la physiologie : l'alcool, les drogues, les médicaments, même les hormones peuvent être une source d'émotions. Finalement, le troisième type est d'ordre cognitif : les pensées, les idées, les croyances et l'interprétation des événements peuvent aussi provoquer des émotions.

Faisons d'abord un survol d'une stratégie qui se fonde sur la conviction qu'un changement plus durable sur le plan des émotions et de l'action peut être obtenu par une modification des contenus cognitifs et par la philosophie personnelle de chaque individu.

> Pour ce faire, retenons cette phrase du Grec Épictète : « Ce ne sont pas les événements de leur vie qui troublent les humains, mais les idées qu'ils s'en font. »

La principale cause des émotions

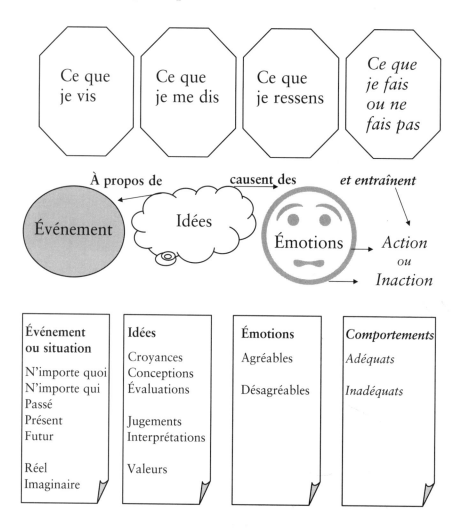

En examinant ce schéma, nous pouvons dégager certains éléments : ce sont les idées entretenues à propos d'une occasion (un événement, une situation ou même une personne), le regard que l'on porte, l'interprétation, le jugement que l'on porte sur cette occasion ou sur cette personne qui causent des émotions. Celles-ci peuvent être agréables ou désagréables, peu importe. Selon l'émotion ressentie, toutefois, une action ou une inaction sera engendrée. Ce comportement sera alors approprié ou inapproprié. Ne perdons pas de vue ce schéma, qui représente le concept à la base de cet ouvrage.

Nous avons vu plus haut que certaines personnes se perçoivent toujours en victimes ; elles rejettent la faute sur les autres, ce qui leur arrive n'est pas leur faute, la cause est toujours extérieure à elles. Elles sont malheureuses, puisque de leur point de vue, la vie s'acharne sur elles. Pour ces personnes, les événements qui leur arrivent, leur entourage ont le pouvoir de leur causer des émotions, évidemment la plupart du temps désagréables.

Dans la réalité, n'est-ce pas le regard qu'ils portent sur chaque événement qui est responsable de leur état ?

Exemple

J'emploie souvent cet exemple en psychothérapie. Il s'agit de celui de la mort.

Quand survient la perte d'un être cher, en principe la plupart des gens ressentent de la tristesse, ou même de la culpabilité... Le sentiment de culpabilité se fait souvent sentir si l'on n'a pas eu le temps de dire à la personne décédée ce que l'on aurait voulu lui dire, pour régler un différend, par exemple. Dans ce cas, il est fort probable qu'un sentiment de culpabilité tenaille celui qui se dit : « J'aurais dû lui dire ceci ou cela avant. »

Devant la mort, il n'est pas rare non plus d'éprouver de la révolte, de la colère. Ce qui est souvent le cas à la suite du suicide d'un proche. Certaines personnes peuvent être en colère contre le disparu : « Pourquoi a-t-il fait ça, il n'aurait pas dû, il n'avait pas le droit. »

Pourtant, dans certains pays, lorsqu'une personne meurt, on fête. En certains endroits, on allume un feu de joie, on danse même. Pourquoi ? En fait, tout est une question d'éducation et de croyances à propos de la mort. Dans plusieurs sociétés, la mort n'est qu'un voyage vers un monde meilleur, une occasion de réjouissances en l'honneur du défunt.

Dans notre société, ce n'est pas le cas. Les idées que nous entretenons à propos de la mort sont complètement différentes, et ce, pour une bonne majorité de gens. La mort devient source de tristesse et d'une multitude d'émotions.

Pourtant, à bien y regarder, il s'agit dans les deux cas du même événement : la mort d'un proche. Cependant, le regard porté sur ce décès est bien différent. Donc, l'interprétation faite de cet événement amène à vivre des émotions complètement opposées.

À la lecture de cet exemple, on pourrait retenir qu'il existe un avantage certain à travailler les idées entretenues à propos des événements, des personnes et des choses qui nous entourent. En arrivant à changer notre interprétation de ce qui nous arrive, on modifie automatiquement l'émotion.

Nous avons illustré notre propos par l'exemple de la mort, mais on peut appliquer cela à d'autres faits de la vie courante, comme la perte d'un emploi. La perte d'un emploi cause-t-elle des émotions ? Non. C'est l'idée que l'on se fait de cette perte qui est source d'émotions.

Exemple

Il y a quelques années, au moment de la fermeture de l'usine General Motors, je me souviens d'avoir vu des travailleurs s'exprimer sur le sujet à la télévision. La plupart des interrogés étaient évidemment dévastés, la situation était difficile, ils vivaient toute une gamme d'émotions désagréables : de l'anxiété, de la révolte, de la déception, du découragement. Toutefois, à un moment donné, un ouvrier a dit : « Je ne trouve pas ça agréable, mais je vais essayer de voir ça d'un œil positif et de me dire qu'il y a une raison derrière ça. Je ne sais pas encore laquelle, mais il y en a une. Et je sais qu'il va ressortir quelque chose de positif de ça. Je vais sûrement trouver quelque chose de mieux. De toute façon, que puis-je y changer ! »

J'étais étonnée et j'avais trouvé l'attitude de cet homme extraordinaire. En adoptant cette attitude, il augmentait sûrement ses chances de se trouver un autre emploi. Du moins, il se mettait dans un état d'esprit favorable et s'empêchait de vivre toute une gamme d'émotions désagréables et d'une intensité élevée. De toute façon, comme il le disait, que pouvait-il y faire ? La General Motors était bel et bien fermée ; il avait décidé de l'accepter, et c'était tout à son avantage.

On peut aussi appliquer cet exemple à une rupture amoureuse. Pourquoi certaines personnes se sentent soulagées à la suite d'une rupture, alors que d'autres sont dévastées ? Certaines arrivent à se dire « Écoute, c'est la réalité, il faut que je l'accepte ! » alors que d'autres sombrent dans la dépression nerveuse pendant des mois, voire des années. J'ai rencontré des gens qui entretenaient l'idée que plus jamais ils ne referaient leur vie avec quelqu'un. Le fait qu'on les ait quittés était la fin du monde.

Alors est-ce possible qu'un même événement puisse causer des émotions si différentes à deux personnes ? Évidemment, non.

Certains me reprendront et diront que « tout dépend du contexte ». Si mon conjoint me quitte alors que, pour moi, notre relation allait bien, je risque d'être plus dévastée que si j'avais l'impression qu'elle ne me satisfaisait plus et tirait à sa fin. Mais souvent, dans des circonstances similaires, certaines personnes s'enfoncent dans la dépression, alors que d'autres trouvent le moyen de s'en sortir en tentant de voir les choses sous un autre angle.

Ce n'est pas l'événement en lui-même qui est en cause, mais bien les idées que l'on s'en fait : la perception, le jugement et l'interprétation déterminent l'émotion ressentie.

La question à se poser maintenant est la suivante : **Est-il possible d'avoir la maîtrise totale de mon existence ?** Autrement dit, ai-je le pouvoir de changer tous les événements que je vis ? Encore une fois, la réponse est non.

Exemples

- Arrêtée à un feu rouge, une voiture emboutit la mienne.
- Je prends l'avion et celui-ci s'écrase en cours de vol.
- J'apprends qu'un membre de ma famille est atteint d'un cancer.
- Je suis victime d'un détournement d'avion en me rendant à Washington.
- Mon enfant est diagnostiqué schizophrène à l'âge de 17 ans.
- Un pyromane met le feu à ma résidence alors que je suis en vacances.

À la lumière de ces exemples, on constate que certaines situations sont hors de notre contrôle. La seule chose sur laquelle nous avons de l'emprise, c'est l'interprétation que nous ferons de ces événements.

Cas vécu 2

Un jour, Sylvie m'a dit : « Je suis toujours en colère, je suis toujours anxieuse, et c'est à cause de mon conjoint. J'ai trouvé la solution, j'ai décidé de le quitter. »

Évidemment, pour elle, tout était la faute de son conjoint. Sa solution était toute trouvée, il lui suffisait d'écarter la personne qui suscitait, de son point de vue, sa colère et son anxiété. Dans son cas, selon elle, la solution était relativement simple. C'est ce qu'elle a fait, Sylvie a quitté l'homme en question...

Quelques mois passèrent et Sylvie revint me consulter. Peu après avoir quitté son conjoint, elle avait rencontré quelqu'un d'autre qui, de prime abord, semblait fait pour elle. Toutefois, plus le temps passait, plus elle constatait que ce nouvel homme avait le même profil que le précédent. Le plus sérieusement du monde, elle m'a alors déclaré : « Lui aussi me met en colère et me rend anxieuse. Je ne suis vraiment pas chanceuse, je retombe toujours dans le même pattern! »

Le premier réflexe de Sylvie était de vouloir quitter ce nouvel homme, car, pensait-elle, il était la cause de sa colère et de son anxiété. Nous avons examiné ensemble la façon dont elle interprétait les comportements de son conjoint et la possibilité de remettre en question sa façon de voir la situation.

N'est-ce pas donner beaucoup de pouvoir à l'autre que de continuellement penser que nos états d'âme découlent de ses comportements ? N'avons-nous pas la pleine maîtrise de notre façon de réagir ? Je l'espère bien. Nous seuls pouvons contrôler nos pensées.

Mais est-ce toujours possible de changer ou d'éliminer les événements qui posent problème ? Certainement pas. Comme nous l'avons mentionné auparavant : vous apprenez que votre enfant est atteint d'une maladie, que votre conjoint a eu un grave accident, que l'entreprise pour laquelle vous travaillez ferme ses portes, qu'un de vos proches vient de mourir, pouvez-vous y changer quelque chose ? Non. Il y a donc des événements, des situations, sur lesquels notre pouvoir est nul. Le seul pouvoir qu'il nous reste, c'est de travailler notre regard sur ces événements.

À l'analyse de la situation, il est souvent possible de voir que l'on est soi-même la cause des émotions que l'on ressent, de par les idées que l'on entretient. Dans certains cas, il est possible d'éliminer l'occasion ou de modifier l'événement qui provoque ces idées-là. Cependant, il ne faut pas se leurrer, ce n'est pas toujours possible. Parfois même, il n'est pas du tout souhaitable de tenter d'éliminer l'occasion qui provoque ces idées.

Cas vécu 3

David décide de changer d'emploi, car il trouve que son travail est trop stressant. Est-ce que c'est réellement son travail qui le stresse ou n'est-ce pas plutôt la perception qu'il s'en fait ? S'il change de travail, le risque n'est-il pas de trouver un autre emploi qui le stresse tout autant, sinon plus ? Par contre, si David s'attaque à la façon dont il perçoit son emploi, n'a-t-il pas plus de chances de ne pas répéter le même pattern ? Si David parvient à changer sa perception ou ses idées à propos de la situation ou de la personne qui lui cause du stress, automatiquement l'émotion ressentie se modifiera en conséquence.

Nous l'avons vu, il est donc impossible de ne pas éprouver d'émotions, toutefois, en diminuant l'intensité de celles-ci, nous augmentons nos chances de nous sentir mieux. Si, au moment où elle perd son emploi, une personne entretient des idées du genre « C'est l'enfer, c'est une catastrophe, je n'y survivrai jamais, je ne retrouverai jamais autre chose, c'est la fin du monde... » – des idées qui font justement sombrer dans le découragement, dans la dépression –, il y a fort à parier qu'elle sera complètement inactive. Elle n'adoptera pas les comportements susceptibles de lui faire retrouver un emploi, parce qu'elle sera déprimée. Ainsi, elle ne s'aidera pas.

Si, par contre, cette personne parvient à se dire des choses réalistes, à accepter la situation parce que le découragement ne lui apportera rien, si elle fait des efforts et met en branle les actions constructives, elle a de bonnes chances de se trouver autre chose. En entretenant des idées plus réalistes, la tendance au découragement sera moins présente. La personne sera moins vulnérable et fort probablement plus apte à faire des actions qui l'amèneront à résoudre le problème ou, à tout le moins, qui lui faciliteront le cheminement vers sa résolution.

Plusieurs d'entre vous serez portés à dire : « On sait bien, ça c'est voir la vie de façon positive, la pensée magique, c'est nier la réalité. » À ceux-là, je réponds : « Pas du tout ! »

Il n'est pas question ici d'entretenir des idées irréalistes et de voir la vie avec des lunettes roses. Le but est de voir la réalité en face. Perdre son emploi, ce n'est jamais agréable, mais ce n'est pas non plus une catastrophe, ce n'est pas la fin du monde. Fort probablement que la personne s'en sortira si elle prend les moyens nécessaires. Si elle entretient continuellement des idées irréalistes, elle ne s'en sortira jamais. En rabâchant « C'est une catastrophe, c'est la fin du monde », c'est là qu'elle se perd dans l'irréalité. Ce n'est pas mettre des lunettes roses que de se dire des choses réalistes telles que « Si je prends les moyens nécessaires, je risque de trouver autre chose ou de trouver des solutions ». Évidemment, cela se traduit par moins de découragement. Sur notre échelle de 1 à 10, il est sûrement préférable de vivre du découragement d'une intensité de 2 sur 10, par exemple, plutôt que de 10 sur 10.

Plus les émotions désagréables sont vécues à moindre intensité, plus il est facile d'adopter des comportements appropriés. En étant découragé au point de faire une dépression, il n'est plus possible de trouver des solutions pour s'en sortir. Tandis qu'avec un degré de découragement faible, même si l'émotion est désagréable, on est quand même en position de se dire : « Je peux trouver des moyens. Je suis en train de commencer à trouver des pistes de solutions. »

Par ces exemples, on comprend donc quels sont les avantages à diminuer l'intensité des émotions désagréables pour automatiquement adopter des comportements plus appropriés. En changeant l'émotion, on peut par le fait même modifier le comportement qui sera adopté.

Pour aller un peu plus loin, demandons-nous comment il se fait que l'on vive des émotions désagréables. **Pourquoi appréhender certains événements ou certaines situations avant même qu'ils se produisent ?** Comment prouver hors de tout doute, par exemple, que c'est réellement une mauvaise affaire que de perdre son emploi ? **Ce que l'on perçoit comme désavantageux aujourd'hui peut devenir avantageux plus tard.**

Exemple

Si, quelques semaines après avoir perdu son emploi, un individu en trouve un autre qui finalement correspond bien mieux à ses exigences et lui donne beaucoup plus de latitude, ce que cette personne avait perçu comme étant désavantageux sur le coup peut tout à coup devenir avantageux. La perte de son emploi lui permet brusquement de réaliser une bonne affaire.

Il arrive souvent que l'on ne perçoive pas les avantages d'une situation à moyen ou à long terme. C'est souvent après coup que l'on se rend compte que la situation n'était peut-être pas aussi révoltante ou triste qu'on le pensait de prime abord, car c'est finalement c'est une bonne chose que cela soit arrivé.

Exercice

Faites deux minutes de pause et pensez à certains événements que vous avez vécus. Est-ce déjà arrivé que, par la suite, vous vous soyez dit que ce n'était pas si grave et que, non seulement ce n'était pas si grave, mais qu'en fin de compte c'était bien la meilleure chose qui pouvait vous arriver à ce moment-là ? Sur le coup, évidemment, ce n'était sûrement pas ce que vous aviez perçu.

Ne serait-ce pas magnifique que lorsqu'un événement arrive on soit capable de se dire : « Je ne sais pas encore pourquoi ça se produit. Actuellement, je pense que ce n'est pas une bonne affaire, mais je vais essayer de voir le bon côté des choses, de comprendre pourquoi ça m'arrive et ce que je peux en retirer. »

En résumé

Quels sont les avantages de changer mes idées (ma perception) ?

Il existe plusieurs avantages à changer mes idées à propos d'un événement ou d'une personne.

1. Je développe une habileté à maîtriser les idées qui m'habitent, par conséquent à maîtriser mes émotions.

2. Je suis en mesure de diminuer l'intensité des émotions désagréables que je vis.

3. Je suis capable de voir la réalité telle qu'elle est, sans laisser place à des interprétations personnelles.

4. Je peux dorénavant faire face à toute situation en conservant une maîtrise émotionnelle.

5. J'adopte des comportements plus appropriés lorsque je contrôle mon intensité émotionnelle.

6. Je ne suis plus victime de mes idées (de mes perceptions).

7. J'ai une plus grande maîtrise de ma vie en général, tant sur le plan personnel que sur le plan professionnel.

Quels sont les inconvénients de changer mes idées (ma perception) ?

Pour être honnête, il y a aussi quelques inconvénients à changer mes idées.

1. Cela me demande discipline et rigueur, surtout au début. Cela exige de moi de l'entraînement. Je ne peux pas, après un essai ou deux, changer complètement ma façon de voir la vie. C'est la répétition qui paie.

   Reportons-nous à nos quatre ans, lorsqu'on apprenait à faire des boucles à nos souliers. Si l'on n'en avait fait qu'une ou deux fois et que l'on n'avait plus jamais recommencé, on se retrouverait à l'âge adulte incapable de faire une boucle. Mais avec de l'entraînement, on réussit sans même y penser. C'est la même formule qui s'applique pour la gestion de l'intensité émotionnelle, c'est un travail quotidien, qui devient éventuellement une seconde nature.

2. Les personnes qui me côtoient pourraient ne pas me reconnaître. Parce qu'évidemment je change ma façon de penser. Attention, je ne suis pas en train de me faire un lavage de cerveau ; je change ma façon de penser pour me sentir mieux.

3. En n'étant plus une victime, je n'ai plus d'excuses lorsque les choses ne vont pas comme je le voudrais. En effet, je me rends compte que je suis seul responsable de ma destinée.

Comportements appropriés

Depuis le début, on trouve la notion de comportements appropriés ; en quoi cela consiste-t-il ? Un comportement approprié dépend de l'objectif visé. Peut-on qualifier d'approprié ou d'inapproprié de ne jamais dire non aux requêtes de son employeur, tout en sachant bien que l'on est déjà submergé ?

Si votre objectif est de vous respecter, d'être à l'écoute de vos limites, évidemment votre comportement est inapproprié. Vous risquez même de ne plus être aussi efficace au travail et de devenir trop anxieux.

Par contre, si votre objectif est de satisfaire votre employeur à tout prix, même au risque d'éprouver beaucoup d'anxiété, il est fort probable que votre comportement soit approprié mais qu'il risque de vous mener tout droit à l'angoisse.

Tout est donc une question d'objectifs. Il convient de toujours se demander si l'objectif est sain pour soi. Vous aurez beau vouloir satisfaire à tout prix votre employeur, si vous y laissez votre santé, serez-vous plus avancé?

Prenez conscience que vous émotions dictent vos comportements.

La principale cause des émotions

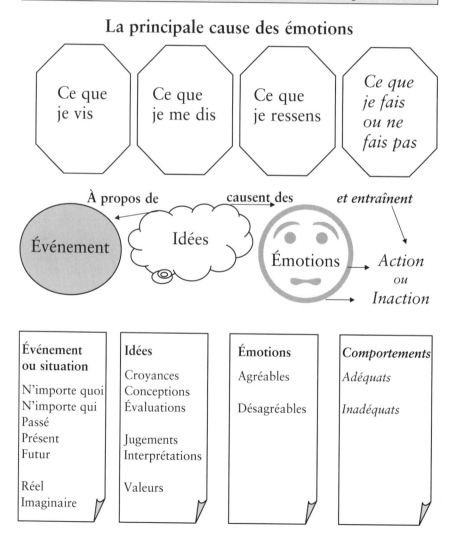

Anecdote

Un jour, j'ai rencontré un homme nommé Roland. Il avait passé la majeure partie de sa vie en prison, en fait depuis l'âge de 17 ans. Vingt-cinq ans derrière les barreaux. Quand il en est sorti, il était très déboussolé. Il se sentait excessivement démuni face à la vie. Il m'avait alors dit : « Je pense que je vais faire un coup, pour rentrer en dedans. Je ne ferai rien de violent, je ne veux faire de mal à personne, mais je trouve la vie dehors tellement difficile. Je suis en train de devenir fou. Je n'ai pas de travail, je ne sais pas quoi faire, je n'ai personne, ma vie est en dedans, mes amis sont en dedans... et je veux y retourner. »

Je ne l'ai jamais revu. Mais supposons que Roland ait fait un vol par effraction dans une maison, par exemple, simplement pour retourner en prison.

On peut se poser la question « Est-ce un comportement approprié ? » Pour monsieur et madame Tout-le-monde, évidemment non, parce que notre objectif, à vous comme à moi, n'est pas d'aller en prison, au contraire. Mais pour Roland, c'était approprié de commettre un crime, car n'oublions pas que son objectif à lui était d'aller en prison.

Notez bien, je ne suis pas en train de dire que j'approuve son geste, mais plutôt que, dans sa façon de voir les choses, pour lui, ce geste était approprié, car il lui permettait d'atteindre son objectif.

> Il faut donc retenir qu'un comportement approprié ou inapproprié est quelque chose de très relatif, qui varie d'une personne à l'autre. Ce qui est approprié pour l'un ne l'est pas nécessairement pour un autre.

Pour déterminer si un comportement est approprié ou non, on pourrait dire que tout comportement qui me rapproche de mon objectif l'est.

Les outils d'intégration que je vous propose maintenant constituent un exercice dont le but est de mettre en application les notions vues depuis le début du chapitre. Un corrigé à titre d'exemple est fourni à la suite des outils.

Le but de l'outil suivant est de vous donner la capacité de déterminer les idées que vous entretenez face à un événement, une personne ou une chose. Il vous permettra d'écouter votre discours intérieur, de porter attention à ce que vous vous dites.

Outil d'intégration 1

Nommez une occasion où vous avez ressenti l'une des émotions désagréables suivantes : colère, anxiété, culpabilité, tristesse, révolte, infériorité, jalousie, honte.

Par exemple : mon employeur me rencontre pour me parler de son mécontentement face à mon travail.

Nommez l'émotion ressentie : _____

Dans l'exemple, l'émotion pourrait être la colère.

Nommez les idées que vous avez eues à propos de cet événement. (Que vous disiez-vous en vous-même?)

_____

_____

_____

_____

_____

Dans l'exemple, les idées pourraient être les suivantes :

1. *Mon patron ne devrait pas me parler ainsi.*
2. *Pour qui se prend-il pour me traiter comme ça?*
3. *Il devrait être plus compréhensif.*
4. *Il n'aurait pas dû me dire mes quatre vérités ainsi.*

L'outil suivant vous permettra de faire la distinction entre votre façon d'interpréter un événement et l'interprétation d'une autre personne de votre entourage **vivant une situation similaire**. Afin de mieux comprendre comment utiliser cet outil, reportez-vous à l'exemple du corrigé qui suit ce dernier, à la page 40.

Outil d'intégration 2

La perception

1. Reprenez un événement que vous avez vécu de façon différente d'une autre personne de votre entourage.

_____

_____

_____

_____

_____

2. Quelle était votre perception (l'émotion ressentie) de l'événement, comparée à celle de cette autre personne ?

_____

_____

_____

_____

3. Quelles étaient les idées que vous entreteniez à propos de cet événement ?

_____

_____

_____

_____

4. D'après vous, quelles auraient pu être les idées de l'autre personne de votre entourage à propos de ce même événement? (Vous pouvez la questionner à cet effet.)

_____

_____

_____

_____

_____

5. En comparant vos deux résultats émotifs, selon vous, est-il approprié de tenter de changer notre perception de certains événements qui nous causent des émotions désagréables?

_____

_____

_____

_____

_____

6. Énumérez trois situations vis-à-vis desquelles vous auriez avantage à changer votre perception.

1) _____

_____

2) _____

_____

3) _____

_____

Corrigé

Cet exemple est tiré d'un cas vécu, celui de Maryse.

1. Reprenez un événement que vous avez vécu de façon différente d'une autre personne de votre entourage.

J'ai appris que je souffrais de fatigue chronique.

2. **Quelle était votre perception (l'émotion ressentie) de l'événement, comparée à celle de cette autre personne ?**

   J'étais découragée parce que je me disais que ma vie était gravement hypothéquée et que je ne m'en sortirais jamais. Je n'arrivais pas à voir la lumière au bout du tunnel.

3. **Quelles étaient les idées que vous entreteniez à propos de cet événement ?**

   Je me disais que :
   – Je n'allais jamais m'en sortir !
   – Qu'il n'y avait rien à faire !
   – Quoi que j'essaie, ça ne marcherait pas !

4. **D'après vous, quelles auraient pu être les idées de l'autre personne de votre entourage à propos de ce même événement ?**

   Dans le cas présent, Maryse fréquentait un centre pour personnes atteintes de fatigue chronique, ce qui l'amenait à côtoyer d'autres personnes vivant la même situation.

   – Si j'y mets les efforts nécessaires, j'augmente mes chances de trouver des solutions.

   – Je n'ai pas la certitude d'améliorer ma situation, mais si je prends les bons moyens pour y parvenir, j'augmente mes chances d'obtenir des résultats.

   – Entretenir des idées de découragement ne servira qu'à diminuer ma capacité à trouver des solutions. J'ai donc avantage à ne pas alimenter ce genre d'idées.

5. **En comparant vos deux résultats émotifs, selon vous, est-il approprié de tenter de changer notre perception de certains événements qui nous causent des émotions désagréables ?**

   Oui.

6. **Énumérez trois situations vis-à-vis desquelles vous auriez avantage à changer votre perception.**

   1) Ma perception de ma relation avec ma belle-mère.
   2) Ma perception vis-à-vis du gouvernement.
   3) Ma perception face à ma santé.

> Vous comprendrez facilement que, dans la même situation, ces deux personnes vivaient des émotions bien différentes parce qu'elles entretenaient des idées différentes. La situation était la même, mais la façon de voir les choses différait.

Êtes-vous prêt à tenter le coup ?

Nous avons énuméré une multitude d'avantages à changer ses idées. Reprenons chacun des avantages et élaborons un peu...

> **1. Je développe une habileté à contrôler les idées qui m'habitent, par conséquent à maîtriser mes émotions.**

Prenons un exemple concret.

Votre supérieur vous rencontre et vous demande de passer le voir à son bureau plus tard dans la journée.

Certains ont la malheureuse habitude de commencer à s'en faire à partir de ce moment-là. Ils commencent donc à vivre de l'anxiété avant même de savoir de quoi il est question.

Les idées présentes peuvent être les suivantes :

- Il veut peut-être me faire part de son mécontentement au sujet d'un dossier auquel je travaille.

- J'ai sûrement fait quelque chose de mal.

- Il n'est pas satisfait de mon rendement, c'est catastrophique !

Et bien d'autres idées peuvent se présenter.

Lors de la rencontre, vous constatez que votre supérieur voulait simplement vous demander votre avis concernant un dossier en particulier. Vous avez dépensé des énergies considérables à vous en faire pour rien. C'est ce que l'on appelle se faire des scénarios.

Vous ne tirez aucun avantage à vous faire des scénarios négatifs avant même que les événements ne se produisent réellement.

> **2. Je suis en mesure de diminuer l'intensité des émotions désagréables que je vis.**

En tant qu'êtres humains, nous sommes tous appelés à vivre quotidiennement des émotions. Les émotions désagréables ne nous aident pas à nous construire une vie agréable et elles viennent souvent compliquer des situations déjà difficiles. Ainsi, si vous vous sentez triste à l'occasion d'une perte d'emploi et que plus le temps avance, plus vous sombrez dans un état dépressif, il est évident que ces sentiments vous conduisent à vous réfugier dans la passivité et vous empêchent de trouver un autre emploi.

Si vous parvenez à diminuer l'intensité de vos émotions désagréables, vous adopterez par conséquent des comportements plus appropriés.

Baisse de l'intensité émotionnelle = Adoption de comportement approprié.

> **3. Je suis capable de voir la réalité telle qu'elle est, sans laisser place à des interprétations personnelles.**

Nos émotions désagréables sont souvent liées à des idées irréalistes que l'on entretient. Apprendre à accepter la réalité telle qu'elle est, sans essayer vainement de la soumettre à notre volonté, est alors fort utile.

Si vous consacrez des efforts à changer votre mode de pensée aliénant pour passer à l'action, pour combler vos désirs et vos objectifs de vie et de bonheur, vous devenez responsable de votre bonheur et vous ne vivrez plus votre vie en victime.

La plupart du temps, les interprétations personnelles sont teintées des expériences passées, des croyances et des valeurs.

Lorsque vous laissez place à des interprétations personnelles quant aux divers événements, personnes ou situations, vous risquez de mal les interpréter, ce qui vous amène à vivre des émotions diverses (tant agréables que désagréables).

Nous apprendrons donc à examiner nos idées et à les remettre en question afin d'être en meilleur contrôle de nos émotions.

> **4. Je peux dorénavant faire face à toute situation en conservant une certaine maîtrise émotionnelle.**

Quel est le but de conserver une maîtrise émotionnelle? Comme nous l'avons mentionné précédemment, lorsque nous contrôlons nos émotions, nous sommes en mesure d'adopter des comportements plus appropriés.

Exemple

Vous êtes dans le métro de Montréal et devez rester debout parce qu'il y a un nombre considérable de passagers et qu'il ne reste plus aucune place assise. Soudain, vous recevez un coup dans le dos. Avant même de vous retourner, vous sentez peut-être la colère monter en vous... « Quel imbécile me frappe ainsi ? » diront certains.

Lorsque vous vous retournez, vous constatez que la personne qui vous a frappé accidentellement est aveugle et qu'elle tente de sortir...

Automatiquement, la plupart des gens auront le réflexe de ressentir de la compassion. La colère s'est transformée en compassion...

Est-ce le coup dans le dos qui a provoqué l'émotion ou l'interprétation que j'ai faite de l'événement?

Si, avant même de constater que j'ai été frappé par un aveugle, je commence à l'insulter, suis-je en plein contrôle de mes émotions? Évidemment, non. Suis-je en train d'adopter un comportement approprié? Probablement pas.

Le chemin de la vie est pavé d'une multitude d'événements, je n'ai qu'à choisir la façon dont je veux y réagir.

> **5. J'adopte des comportements plus appropriés lorsque je contrôle mon intensité émotionnelle.**

Premièrement, revoyons ce qu'est un comportement approprié. On qualifie de comportement approprié tout comportement qui nous rapproche d'un objectif.

Exemple

Qualifieriez-vous de comportement approprié ou inapproprié le fait de ne pas rappeler un client qui tente de vous joindre depuis plusieurs jours et qui vous exaspère ?

Tout dépend de votre objectif... Si votre objectif est de ne plus servir ce client, car vous jugez qu'il ne vous cause que des problèmes, votre comportement est approprié en fonction de l'objectif que vous poursuivez. Vous auriez cependant avantage à le lui dire franchement.

Par contre, si votre objectif est de satisfaire votre client et de faire en sorte qu'il veuille continuer à faire affaire avec vous, votre comportement est inapproprié, car vous risquez de ne pas atteindre votre objectif.

> **6. Je ne suis plus victime de mes idées (de mes perceptions).**

À partir du moment où vous vous rendez compte que vous avez le pouvoir de changer vos idées à propos des événements ou des personnes, vous n'êtes plus victime de la vie. Vous savez que vous pouvez choisir la manière dont vous allez réagir aux situations, aux événements ou à autrui.

> **7. J'ai un plus grand contrôle sur ma vie en général, tant sur le plan personnel que sur le plan professionnel.**

En organisant et en disciplinant votre pensée de façon rationnelle et réaliste, vous pouvez mener une vie plus enrichissante et mieux équilibrée.

Le but de tout être humain est d'être heureux et la définition du bonheur peut se résumer ainsi : vivre le plus souvent possible des émotions agréables et le moins souvent possible des émotions désagréables ou, du moins, ne pas les vivre à une intensité élevée.

Comment modifier sa perception (ses idées)?

Pour parvenir à modifier sa perception des choses, il est nécessaire que ses conceptions et ses idées qui sont sources d'émotions désagréables soient abandonnées et remplacées par une philosophie plus réaliste, par des interprétations plus justes et par une pensée plus exacte.

Pour effectuer ce changement, nous utiliserons la technique de la **confrontation des idées**. Il s'agit d'une démarche de comparaison entre, d'une part, vos idées et conceptions, et, d'autre part, la réalité. C'est par des questions que cette comparaison sera effectuée.

Vous trouverez dans les pages suivantes le formulaire de confrontation et des explications.

Formulaire de confrontation

1. L'occasion, l'événement (que s'est-il passé?)

_____

_____

2. L'émotion (quelle est l'émotion désagréable que j'ai ressentie?)

_____

_____0_____5_____10

3. Le comportement / la réaction

_____

_____

4. Les idées (que me suis-je dit?)

_____

_____

_____

_____

5. Confrontation (comparaison de mes idées avec la réalité à l'aide des questions que vous trouverez dans les tableaux de la section *Des idées aux émotions,* page 50)

_____

_____

_____

_____

6. Le résultat émotif (comment me suis-je senti après la confrontation?)

_____

_____0_____5_____10

Explications du formulaire de confrontation

Le formulaire de confrontation est un outil que vous utiliserez régulièrement. Il vous donnera une nouvelle habitude, qui consiste à écouter votre discours intérieur : ce que vous vous dites mentalement lorsqu'une émotion vous submerge, au moment où survient un événement quelconque. Il vous permettra de faire le point sur les idées qui vous passent par la tête. Le but visé est de cerner ces idées pour ensuite les remettre en question.

La définition du mot « confrontation », dans ce contexte, prend le sens de remise en question des idées qui surgissent au moment où l'événement se produit ou lors d'un contact avec une personne.

1. **L'occasion, l'événement (que s'est-il passé ?)**

   Écrivez l'événement ou l'occasion qui a provoqué les émotions. Par exemple : *Mon conjoint est arrivé en retard hier soir.*

2. **L'émotion (quelle est l'émotion désagréable que j'ai ressentie ?)**

   Écrivez l'émotion ressentie sur le moment. Par exemple : *J'ai ressenti de la colère.*

   Sur l'échelle de l'intensité de l'émotion, allant de 0 à 10, indiquez votre degré de colère :

   _____0_____5_____10

   0 = *pas du tout* en colère

   10 = *excessivement* en colère.

   Par exemple : *J'étais très, très en colère, à une intensité de 8 sur 10.*

3. **Le comportement / la réaction**

   Décrivez le comportement que vous avez adopté. Comment avez-vous réagi ? Par exemple : *Pendant toute l'attente, j'étais tellement en colère que je n'arrivais pas à faire ce que j'avais à faire. Et quand il est arrivé, je n'ai pas trouvé les bons mots et je me suis mise à crier après lui.*

4. Les idées (que me suis-je dit ?)

Écrivez les idées qui vous sont passées par la tête. Quelles sont les idées que vous avez eues ? C'est l'un des moments les plus importants, car c'est le moment d'écouter son **discours intérieur.** Par exemple : *Tout le temps que je l'attendais, je me disais :* « *Il devrait téléphoner.* » « *Il est toujours en retard, il n'a pas de raisons d'être en retard.* » « *Il n'a pas le droit d'agir comme ça, il me fait toujours ça.* » « *C'est injuste !* » etc.

Vous comprendrez que plus on nourrit ce genre d'idées, plus la colère monte.

5. La confrontation (comparaison de mes idées avec la réalité à l'aide des questions)

Le mot confrontation est ici pris dans le sens de comparer les idées exprimées avec la réalité, à l'aide de questions. Le but est de remettre en question ce que vous vous êtes dit initialement. **(Afin de vous questionner de la bonne façon, reportez-vous aux tableaux *Des idées aux émotions,* à la page 50.)**

– *Mon conjoint devrait téléphoner.*

« Y a-t-il une loi qui l'oblige à appeler ? »

– *J'aurais préféré qu'il me prévienne.*

« Je préférerais, mais il n'y est aucunement obligé ! »

Le but est de reprendre les idées exprimées au point 4 et qui ont contribué à alimenter la colère et à en augmenter l'intensité, pour les confronter à des phrases plus réalistes.

Pour ce faire, il faut maintenant utiliser les tableaux de la section *Des idées aux émotions.* En vous rendant à l'élément « Colère », vous trouverez des phrases telles que celles-ci :

– Y a-t-il quelque chose qui lui interdit d'agir comme il le veut ?

– Qui suis-je, pour exiger des autres qu'ils agissent exactement selon mes désirs ?

En vous tournant vers des idées réalistes, vous vous rendrez compte que votre conjoint a parfaitement le droit d'agir comme il le fait, même si cela vous déplaît.

Le but n'est pas de dire : « Je suis contente de la façon dont il a agi ! » Vous n'êtes pas nécessairement en train d'être très heureuse de ses comportements, toutefois, vous êtes en train de tenter de l'accepter et par conséquent de diminuer votre colère.

« J'aurais préféré qu'il m'appelle ! » Oui, mais dans la réalité il ne l'a pas fait... C'est ainsi ! Voilà une phrase plus réaliste qui contribuera à diminuer votre colère.

Évidemment, votre conjoint peut avoir une multitude de bonnes raisons de ne pas avoir appelé. Mais au moment où vous aviez de telles idées en tête, vous n'arriviez pas à vous dire : « Peut-être ne peut-il pas m'appeler... » Non, sans doute vous disiez-vous plutôt : « Il devrait m'appeler. »

À partir d'idées réalistes, vous pourriez écrire, par exemple : *Mon conjoint a parfaitement le droit d'agir comme il l'a fait, même si ça me déplaît. La preuve, c'est qu'il l'a fait. Avec ce qu'il vivait, les émotions qu'il avait à ce moment-là, il lui était impossible d'agir autrement. Il a agi en fonction de ce qu'il croyait bon pour lui à ce moment-là.*

6. Le résultat émotif (Comment me suis-je senti après la confrontation ?)

En principe, si vous avez bien remis vos idées en question, votre résultat sur l'échelle de l'intensité émotionnelle devrait diminuer. La colère devrait donc être d'une intensité moins élevée.

Par exemple, si vous aviez placé l'intensité de votre émotion à 8 (voir le point 2), maintenant, en adoptant un discours plus réaliste, l'intensité pourrait diminuer à 2 ou 3, par exemple.

Ainsi, lorsque votre conjoint arrivera, votre intensité de colère étant beaucoup moins élevée, le risque de crier après lui en sera d'autant diminué. Vous serez sûrement en mesure de discuter, de lui dire, par exemple : « *J'aurais préféré que tu m'appelles, tu sais que je m'inquiète quand tu n'appelles pas !* »

Vous saurez mieux trouver les mots qu'il faut pour faire connaître votre opinion et vos désirs. Car, en y pensant bien, si vous criez, vous n'êtes pas en train de résoudre le problème, de trouver des solutions. En criant, faites-vous en sorte qu'il vous appelle la prochaine fois ? Pas nécessairement. Votre but ne sera pas atteint, parce que vous criez. Au contraire, vous risquez même d'envenimer vos relations. Est-ce le but visé ? Pas vraiment.

Si la colère est d'une intensité moins élevée, vous serez susceptible de trouver les bons mots pour exprimer vos émotions et vos préférences. Évidemment, rien ne vous dit que, dans l'avenir, votre conjoint vous appellera, mais au moins vous aurez exprimé vos sentiments sans hostilité.

Il est important de garder sous la main des photocopies de ce formulaire. Chaque fois qu'un événement se produira, vous pourrez le remplir à chaud. Au début, il est préférable d'y écrire le plus souvent possible, pour que ça devienne un réflexe qui mène à se dire des phrases réalistes, à entretenir des idées réalistes lorsqu'un événement se produit.

Tout est une question d'entraînement, on n'atteint pas cet objectif simplement en remplissant un formulaire de confrontation une seule fois. Il faut le faire et le refaire encore.

Il est également souhaitable d'utiliser un formulaire par émotion et non pas par événement. Ainsi, pour reprendre notre exemple, en plus de la colère, vous avez aussi vécu de l'anxiété, vous étiez inquiète du retard de votre conjoint, vous aviez peur qu'il lui soit arrivé quelque chose. Pour le même événement, vous avez ressenti deux émotions à la fois : de la colère et de l'anxiété. Idéalement, il convient donc de remplir deux formulaires de confrontation. **Vous allez ainsi voir que les idées qui vous amènent à vivre de la colère sont bien différentes de celles qui vous conduisent à vivre de l'anxiété. On sait très bien qu'un seul événement peut être l'occasion de se faire des idées nous amenant à vivre diverses émotions.**

Plus vous utiliserez de formulaires de confrontation, plus vous remettrez vos idées en question, plus vous développerez une seconde nature vous rendant capable, lorsqu'un événement se produit, d'entretenir des idées réalistes et, par le fait même, d'éprouver moins d'émotions désagréables à intensité élevée. Et c'est le but visé!

Avec de l'entraînement, vous arriverez à adopter l'habitude de remettre en question vos idées irréalistes de façon systématique, sans avoir recours au formulaire de confrontation. Cette attitude deviendra une seconde nature vous permettant automatiquement de ne pas laisser l'intensité de vos émotions atteindre un niveau trop élevé.

Des idées aux émotions

Les tableaux suivants décrivent les huit émotions abordées dans cet ouvrage, soit l'anxiété, la jalousie, l'infériorité, la culpabilité, la colère, la tristesse, la révolte et le découragement.

Ils présentent en premier lieu la famille d'émotions liées à l'émotion traitée, les idées irréalistes qui la suscitent, de même que les expressions usuelles qu'on emploie lorsqu'on éprouve cette émotion.

En deuxième lieu vient le questionnement permettant de remettre en cause les idées irréalistes (à utiliser avec le formulaire de confrontation.)

En dernier lieu sont répertoriées les idées réalistes aidant à diminuer l'intensité des émotions.

Il est primordial d'utiliser ces tableaux « *Des idées aux émotions* » avec le formulaire de confrontation. Les deux outils utilisés conjointement vous permettront de comprendre comment votre **discours intérieur** peut influencer votre état d'âme.

Anxiété

L'anxiété est une émotion composée de **peur** et d'**impuissance**.

Émotions de la même famille	Idées irréalistes	Idées réalistes
Affolement, angoisse, appréhension, crainte, doute, effroi, épouvante, frayeur, gêne, hantise, inquiétude, méfiance, tourment, phobie, stupeur, terreur, timidité.	Peur : un danger ou un ennui me menace. Impuissance : je suis plus ou moins incapable d'y faire face. (**Notez bien que les deux émotions, peur et impuissance, doivent être présentes pour ressentir de l'anxiété.**)	Cette situation (événement) peut être perçue comme pénible, difficile, non souhaitable, mais supportable. Si le danger est réel ou potentiellement réel, je peux probablement y survivre. Dans ce cas, m'inquiéter ne servirait à rien d'autre qu'à diminuer ma capacité à y faire face.
	Expressions usuelles Peur : J'ai peur de... Impuissance : Je me sens impuissant. C'est épouvantable, insupportable, invivable, catastrophique. C'est l'enfer.	
	Questionnement Le danger est-il réel ? En quoi consiste-t-il, exactement ? Où est la preuve ? Même si cela arrivait, pourrais-je le supporter ? En quoi cela serait-il affreux, horrible, la fin du monde ? Pourrais-je encore vivre après cela ? Est-il exact d'affirmer que je suis en grande partie incapable d'éviter ce danger ou cet ennui, ou d'y faire face ? Sur quoi suis-je en train de me baser pour conclure qu'il en est ainsi ? Que pourrait-il arriver de pire ?	

Jalousie

La jalousie est une émotion composée d'anxiété,
d'hostilité et d'infériorité.

Émotions de la même famille	Idées irréalistes	Idées réalistes
Aucune émotion de la même famille.	(Voir les idées irréalistes de l'anxiété, de l'hostilité et de l'infériorité.) *Expressions usuelles* Il n'a pas le droit de me faire cela. Elle n'est pas correcte. Je ne mérite pas cela. Qu'a-t-elle de plus que moi? *Questionnement* Qu'est-ce qui me fait ressentir de la jalousie? Quel danger y vois-je? (Se reporter au questionnement sur l'anxiété, l'hostilité et l'infériorité.)	(Voir les idées réalistes de l'anxiété, de l'hostilité et de l'infériorité.)

Infériorité

Émotions de la même famille	Idées irréalistes	Idées réalistes
Dévalorisation.	Ma valeur personnelle est moindre, plus basse que celle d'une autre personne.	Quoi que je fasse, je reste un être humain. Je ne suis pas ce que je fais.
	Expressions usuelles	La valeur que l'on accorde à une autre personne n'est qu'une question d'opinion et non un fait.
	Je ne vaux rien...	
	Je vaut moins que rien.	
	Je suis nul.	
	Je ne suis pas grand-chose.	
	Il vaut plus que moi.	
	Je suis stupide, minable, niaiseux (ou tout autre qualificatif négatif).	
	Questionnement	
	De quelle valeur suis-je en train de parler ?	
	Même lorsqu'elles me déplaisent ou déplaisent aux autres, mes actions ou caractéristiques peuvent-elles me rendre minable, bon à rien, nul, mauvais (ou tout autre qualificatif négatif) ?	
	Est-ce possible que mes actions puissent changer quelque chose à ce que je suis ?	

Culpabilité

Émotions de la même famille	Idées irréalistes	Idées réalistes
Contrition, repentir, regret, remords.	Je n'aurais pas dû faire ce que j'ai fait. J'aurais dû faire ce que je n'ai pas fait.	Dans la réalité, rien ne m'obligeait à agir autrement, puisque je l'ai fait.
	Expressions usuelles Je me sens coupable, responsable. Je n'ai pu m'en empêcher. Je ne pouvais faire autrement. Il fallait que... C'est ma faute. J'aurais dû... Je n'aurais pas dû...	De plus, avec les idées que j'avais et les émotions que je vivais à ce moment-là, il m'était impossible d'agir autrement. **Note :** il est important de distinguer la culpabilité de la responsabilité. Je peux être responsable d'un geste que j'ai commis, mais ressentir de la culpabilité n'en réparera pas les conséquences.
	Questionnement Y a-t-il, dans l'univers, une loi qui m'interdise d'agir comme je l'ai fait ou qui m'oblige à agir autrement ? Le fait que j'aie commis ce geste ne prouve-t-il pas qu'il m'était possible de le faire ? Avec les idées que j'avais et les émotions que je vivais à ce moment-là, m'était-il possible d'agir autrement ?	

Colère

Émotions de la même famille	Idées irréalistes	Idées réalistes
Agacement, vexation, intolérance, impatience, irritation, exaspération, hostilité, animosité, rage, ressentiment, fureur.	Cette personne (animal) devrait faire ce qu'il ne fait pas. Cette personne (animal) aurait dû faire ce qu'elle n'a pas fait. Cette personne (animal) ne devrait pas faire ce qu'elle fait. Cette personne (animal) n'aurait pas dû faire ce qu'elle a fait. *Expressions usuelles* Il n'avait pas le droit... Il n'est pas correct de faire cela. Pour qui se prend-il? Il devrait faire... Elle aurait dû... C'est sa faute, aussi. Elle ne devrait surtout pas faire cela. *Questionnement* Y a-t-il dans la réalité quelque chose qui interdise à cette personne (animal) d'agir ainsi ou qui l'oblige à agir autrement? Si tel est le cas, comment expliquer qu'il lui a été possible d'agir comme elle l'a fait? Qui suis-je pour exiger des autres qu'ils agissent selon mes désirs?	Cette personne (animal) a pleinement et parfaitement le droit d'agir comme elle l'a fait, même si cela me déplaît. La preuve, c'est qu'elle l'a fait. Avec les idées qu'elle avait et les émotions qu'elle vivait, il lui était impossible d'agir autrement. Elle a agi en fonction de ce qu'elle croyait bon pour elle à ce moment-là.

Tristesse

Émotions de la même famille	Idées irréalistes	Idées réalistes
Ennui, peine, déception, chagrin, affliction, nostalgie, mélancolie, amertume, apitoiement.	Ce qui m'arrive, m'est arrivé ou va m'arriver est dommage, désavantageux pour moi. *Expressions usuelles* C'est triste. C'est dommage, désavantageux, désagréable. C'est une bien mauvaise affaire pour moi. *Questionnement* Puis-je démontrer avec certitude qu'il s'agit bien là d'une mauvaise affaire pour moi? Quels sont les désavantages réels? Est-ce possible que je ne voie pas actuellement les avantages à court, moyen ou long terme? Parce qu'une situation ne correspond pas à mes attentes, devient-elle une mauvaise affaire en soi?	Dans la réalité, aucune chose n'est en soi jamais bonne ou mauvaise, ni avantageuse ou désavantageuse. De plus, ce que je pense être désavantageux aujourd'hui peut devenir avantageux dans l'avenir. Ce n'est qu'en fonction de mes intérêts et de mes désirs que je proclame cela, et je n'ai aucune preuve de ce que j'affirme.

Révolte

La révolte peut être ressentie par rapport à une situation, une chose ou un événement et **non pas par rapport à une personne.**

Émotions de la même famille	Idées irréalistes	Idées réalistes
Aucune émotion de la même famille.	Cette situation devrait être autrement. Cette situation aurait dû se passer ainsi. Cette situation ne devrait pas être ainsi. Cette situation n'aurait pas dû être ainsi.	Les choses sont ce qu'elles sont, même si cela me déplaît. Rien n'oblige la réalité à se conformer à mes désirs.
	Expressions usuelles Cela ne devait pas arriver. Cela devrait être autrement. Ce n'est pas normal. Je ne mérite pas cela. C'est injuste. Ça m'enrage.	
	Questionnement Ce qui peut me paraître souhaitable ou préférable devient-il automatiquement obligatoire ? Existe-t-il une loi qui dit que la réalité doit correspondre à mes désirs ? Si la réalité devait être autrement, comment expliquer qu'elle soit comme elle est ?	

Découragement

Émotions de la même famille :	Idées irréalistes	Idées réalistes
Abattement, accablement, désespoir, écœurement.	Je n'arriverai jamais à accomplir ce que je désire. Je n'arriverai jamais à obtenir ce que je désire.	Je n'ai pas la certitude d'atteindre mon objectif. Mais si j'y mets les efforts et que j'utilise les bons moyens, j'y arriverai probablement. Plus je mets d'efforts, plus j'augmente mes chances d'obtenir ce que je désire.
	Expressions usuelles Ça ne marchera pas. Je n'y arriverai jamais ; j'ai tout essayé. C'est toujours pareil ; rien ne marche. Ça ne change pas et ça ne changera jamais. Il n'y a rien à faire.	
	Questionnement Puis-je prouver avec certitude que je n'y arriverai jamais ? Est-il possible que, jusqu'à maintenant, je n'aie pas pris les moyens appropriés ou que je n'aie pas fait les efforts suffisants pour atteindre mes objectifs ? Par le passé, n'ai-je pas obtenu, en partie ou en totalité, ce que je désirais grâce à mes efforts ?	

Le questionnement

Le questionnement permet de réfléchir sur des sujets jusque-là tenus pour acquis et il aide à comparer les idées, les perceptions et les croyances avec la réalité.

Voici d'autres questions pour vous amener à remettre en cause certaines croyances, idées et perceptions.

- Où est la preuve de...?
- Sur quoi vous basez-vous?
- Cela est-il vrai?
- Pourquoi pas?
- Pouvez-vous le démontrer?
- Comment le savez-vous?
- Pourquoi faut-il que ce soit ainsi?
- Y a-t-il une loi qui dit cela?
- Le faut-il vraiment?
- En quoi cela vous affectera-t-il?
- Quel effet cela produirait-il?
- En quoi cela est-il affreux, horrible, impossible?
- Pourquoi le devez-vous?
- Pourquoi ne le devez-vous pas?
- Qu'arriverait-il si...?
- Que pourrait-il arriver de pire?
- Et après?
- Pourriez-vous connaître le bonheur à nouveau si cela arrivait?
- Quel avantage avez-vous à...?
- Quels sont les désavantages pour vous?
- Quelles sont les probabilités que cela arrive?
- Pensez-vous que ça en vaille la peine?
- Le risque est-il si grand?

Le but du questionnement est de vous amener à vous poser des questions que vous ne vous êtes jamais posées auparavant et donc de mettre en doute certaines de vos croyances, idées ou perceptions *(irréalistes)* qui vous causent des émotions désagréables.

Qu'est-ce qu'une idée irréaliste?

- C'est une idée qui ne concorde pas avec la réalité.
- C'est une idée que l'on peut qualifier de fausse ou de douteuse.

Exemples d'idées irréalistes

Exemple 1 : Mon patron ne devrait pas me parler ainsi.

Événement Votre patron vous fait venir dans son bureau et vous fait part de son mécontentement avec très peu de tact et de diplomatie.

Idées et croyances Il n'a pas le droit de me parler ainsi, pour qui se prend-il ? Il devrait me parler sur un autre ton.

Émotions engendrées par ces idées Colère, irritation, hostilité.

Comportements possibles résultant de ces émotions

Je risque de lui répondre sur le même ton, ce qui ne réglera rien. Au contraire, cela pourrait envenimer la situation.

OU

Je peux ne rien dire du tout et y penser toute la soirée ou, pire, toute la nuit.

Questionnement

- Est-il vrai qu'il n'a pas le droit de me parler ainsi ?
- Y a-t-il une loi qui le lui interdit ?
- Sur quoi est-ce que je me base pour dire qu'il n'a pas le droit de me parler ainsi ?
- Où est la preuve qu'il n'en a pas le droit ?

Confrontation Mon patron a pleinement et parfaitement le droit de me parler ainsi, **même si ça me déplaît**. La preuve, c'est qu'il l'a fait. Avec les idées qu'il avait et les émotions qu'il vivait à ce moment-là, il ne pouvait faire autrement.

Effets émotifs Diminution de la colère, de l'irritation ou de l'hostilité. Je trouve quand même ennuyeux ce qui s'est passé.

Comportements Je risque de mieux accepter la situation. Je serai même en mesure de tenter de discuter avec mon patron une fois la poussière retombée, si je le juge nécessaire, et ce, sans hostilité.

Exemple 2 : Ce travail est beaucoup trop exigeant, je n'y arriverai jamais.

Événement Un mandat m'a été confié et la charge de travail est énorme à mes yeux.

Idées et croyances Je n'y arriverai jamais, c'est beaucoup trop. Je suis complètement dépassé par ce travail, il n'y a rien à faire, je ne m'en sortirai pas.

Émotion engendrée par ces idées Découragement.

Comportements possibles résultant de ces émotions

Je suis complètement anéanti et je sens que je perds mes moyens. Je n'arrive pas à trouver de solution car je suis trop submergé par mes émotions.

Questionnement

- **Puis-je prouver avec certitude que je n'y arriverai pas ?**
- **Est-il possible que, jusqu'à maintenant, je n'aie pas pris les moyens nécessaires pour y arriver ?**
- **Est-ce vrai que, par le passé, j'y suis déjà arrivé ?**

Confrontation Je n'ai pas la certitude d'y arriver. La charge de travail est peut-être énorme à mes yeux, mais si je mets les efforts nécessaires et que je prends les moyens appropriés, j'y arriverai probablement. Plus je fais d'efforts, plus j'augmente mes chances de réussite.

Effets émotifs Diminution de l'intensité du découragement. Je risque de trouver des solutions pour effectuer mon travail. Moins je vis de découragement, plus je suis en mesure de trouver des solutions à mon problème.

Comportements Je risque d'être plus alerte afin de trouver des solutions ou d'être plus productif, car je vivrai moins de découragement.

Exemple 3 : Ce congédiement aurait dû être fait autrement, c'est révoltant.

Événement L'entreprise pour laquelle je travaille a mis à pied des employés qui y œuvraient depuis longtemps en leur faisant savoir le tout le lundi matin, alors qu'ils arrivaient au travail.

Idées et croyances Ça n'aurait pas dû se faire ainsi, c'est révoltant. La direction aurait dû avoir plus de cœur.

Émotion engendrée par ces idées Révolte.

Comportements possibles résultant de ces émotions
Je suis complètement révolté contre l'entreprise pour laquelle je travaille, je ne fais que penser à cela et me dire que ç'aurait dû être autrement.

Questionnement

• Existe-t-il une loi qui interdit à l'entreprise pour laquelle je travaille d'agir ainsi ?

• Ce qui peut me paraître souhaitable ou préférable devient-il automatiquement obligatoire ?

• Si je crois que ç'aurait dû se passer autrement, comment expliquer que ça se soit passé ainsi ?

Confrontation La réalité est ce qu'elle est, même si ça me déplaît. Rien n'oblige la réalité à se conformer à mes désirs, même si j'aurais préféré que ce congédiement se passe autrement.

Effets émotifs Diminution de la révolte. Acceptation plus probable de la situation. Je ne suis pas obligé d'être d'accord avec la façon de procéder, mais je l'accepte.

Comportement Je trouve la situation dommage pour mes collègues, mais je parviens toutefois à accepter la situation telle qu'elle est. C'est préférable pour moi de me sentir ainsi, surtout si je n'ai aucun pouvoir pour changer la situation.

Nous reviendrons ultérieurement sur le questionnement. Chacune des émotions sera traitée séparément et cela nous permettra de déterminer comment utiliser les différentes questions qui sont proposées. Lorsqu'on vit des émotions désagréables, le premier réflexe n'est pas nécessairement de se poser tout de suite les bonnes questions. Mais en s'orientant vers un questionnement plus adéquat, on augmentera ses chances d'obtenir des réponses plus appropriées.

Chapitre 2

Échelle de la catastrophe

L'élément principal de ce chapitre est d'apprendre à dédramatiser une situation. On a parfois tendance à dramatiser à outrance. En comprenant comment relativiser les choses et les événements, on découvre que l'on peut se sentir mieux presque instantanément.

Dans ce chapitre, nous allons apprendre à diminuer notre perception de la catastrophe et à voir plutôt la réalité telle qu'elle est. En voyant les choses dans une perspective plus réaliste, il est possible, par la suite, de passer à l'action de manière plus appropriée.

L'échelle de la catastrophe s'utilise de la façon suivante : chaque fois qu'un événement survient, que sur le coup on a tendance à dramatiser, on se rapporte à l'outil d'intégration proposé à la fin de ce chapitre, en se posant la question : « Que pourrait-il arriver de pire ? Et de pire encore ? »

Il s'agit d'un outil à utiliser dans le cas d'événements, de situations de la vie courante, qui n'ont pas de connotations dramatiques. Un homme qui vient de perdre sa femme et ses trois enfants dans un incendie ne va bien sûr pas se demander : « Qu'est-ce qui aurait pu arriver de pire ? » Ce n'est pas approprié.

L'échelle de la catastrophe s'utilise dans le quotidien, avec des événements, des situations qui prennent une ampleur disproportionnée.

Lorsqu'on considère qu'un événement est désagréable, il existe une solution de rechange, celle de se dire : « Je ne suis pas content de ce qui m'arrive, mais voyons ce que je peux faire pour essayer d'éviter que ça se reproduise ! » Si l'on constate qu'il n'y a vraiment rien à faire, on aura toujours avantage à penser : « Ce n'est pas agréable, mais ce n'est pas une catastrophe ! »

Plus on travaille à changer son discours intérieur, plus les choses s'améliorent. Cela ne veut pas dire que l'on sera plus heureux de ce qui s'est produit mais, au moins, si l'on arrive à l'accepter, même en vivant un peu de frustration, on ne sombrera pas dans la dépression. On sera capable de voir l'événement ou la situation dans sa juste proportion.

Par contre, on a toujours le choix de se lamenter : « Mon Dieu, ce qui m'arrive est insupportable, je ne peux pas accepter ça, c'est invivable ! » En entretenant ce genre d'idées, on fait monter en soi une multitude de sentiments d'agressivité et l'on n'est pas en train de régler la situation. On continue simplement à s'engouffrer dans un état dépressif.

Tant et aussi longtemps que l'on s'apitoie sur son sort, on diminue sa capacité à penser clairement, sa capacité à trouver des solutions pour se sortir de sa situation déplaisante.

Cas vécu 1

France avait perdu son père cinq ans plus tôt et, pourtant, elle était encore dévastée par ce deuil. Elle n'acceptait pas du tout la mort de son père. Cet homme qui avait vécu une belle vie était mort à l'âge de 72 ans, dans son sommeil. Les causes de son décès n'étaient pas dramatiques. Toutefois, France voyait cette perte comme une catastrophe. Elle se disait qu'elle ne pourrait plus jamais mener une vie normale parce que son père n'était plus dans sa vie.

Cinq ans après la perte de son père, elle était encore en état de dépression ; elle avait de la difficulté à fonctionner dans sa vie quotidienne.

France a dû travailler à changer sa perception de cette mort, à la dédramatiser. Dans la réalité, la mort de son père était en soi un événement triste, mais elle devait l'accepter, car elle ne pouvait rien y changer. Elle ne pouvait pas faire revenir son père. Même si pendant cinq années encore elle percevait cette mort comme une catastrophe, rien ne changerait. Tout ce qu'elle faisait, c'était de continuer à vivre dans un état dépressif.

France était aussi mère et grand-mère, et elle avait de la difficulté à être disponible pour ses enfants et petits-enfants parce qu'elle était dans un état émotif lamentable.

Petit à petit, France a pris conscience que, malheureusement, elle ne pouvait rien changer à la disparition de son père. Elle s'est rendu compte qu'elle avait avantage à l'accepter. Tranquillement, elle s'est sortie de cet état de dépression et a été en mesure de reprendre une vie normale et d'accorder de l'importance à son entourage, de reprendre goût à la vie et de passer par-dessus ce deuil.

Cas vécu 2

Pierre avait perdu sa femme dans un accident de voiture presque 10 ans auparavant. Depuis ce temps, il vivait en état de dépression. Pour Pierre, cet accident était une catastrophe. Non seulement cela en avait été une 10 ans auparavant, mais ça l'était demeuré. Pierre n'avait jamais refait sa vie, il n'avait jamais laissé l'occasion à quiconque de rentrer dans sa vie, son cœur était fermé. Il s'était refermé sur l'idée qu'il ne pourrait plus jamais aimer. Selon lui, sa vie était complètement finie.

Comme dans l'exemple précédent, en travaillant ses idées, Pierre a fini par comprendre qu'il n'avait pas le pouvoir de faire revenir sa femme. Pendant les 10 dernières années, il avait mené une vie excessivement misérable sur le plan des sentiments, il ne s'était donné aucune chance de vivre des moments de bonheur, il avait été constamment en état de dépression, en train de se dire que ce qui était arrivé était une catastrophe. Il vivait l'enfer. Pierre s'acharnait à ne penser qu'à cet événement, il s'apitoyait sur son sort.

Les 10 dernières années avaient donc été excessivement pénibles pour cet homme. Cet état dépressif l'avait aussi conduit à perdre ses emplois et à être peu disponible pour sa fille. Pour lui, la vie était devenue très difficile.

Pierre disait souvent : « Personne ne peut comprendre, ça ne vous est pas arrivé, à vous ! »

Mais Pierre était placé devant une alternative : il pouvait continuer à vivre dans cet état-là pendant plusieurs années encore, ou commencer à accepter ce qui s'était passé, à accepter la situation telle qu'elle était.

Lorsqu'on parle de la mort de quelqu'un que l'on aime, ce n'est pas facile de relativiser. Il est beaucoup plus simple de dédramatiser un quelconque incident de la vie courante. Toutefois, il faut aussi prendre conscience que certains événements que l'on vit ne peuvent être changés. On ne peut revenir dans le temps. Dans de tels cas, on a avantage à les accepter, à continuer à vivre et à tenter de se remettre sur le chemin du bonheur, à défaut de quoi on continue à entretenir des idées qui sont complètement irréalistes, qui nous font vivre des états de dépression.

Pierre a compris que tant qu'il continuerait à entretenir l'idée que la mort de sa femme était terrible, épouvantable, il continuerait à mener une vie désagréable.

Pierre avait effectivement envie de se sortir de cet état, sinon il n'aurait pas sollicité une consultation. Il a donc appris à accepter ce qui s'est passé. Cela ne veut pas dire que Pierre devait oublier sa femme, cela ne signifiait pas non plus qu'il n'éprouverait plus jamais de tristesse en pensant à elle, mais s'il parvenait à diminuer l'intensité de sa tristesse et à accepter la situation, il pourrait reprendre goût à la vie et être disponible pour sa fille. Éventuellement, Pierre pourrait aussi s'ouvrir aux autres et peut-être même rencontrer de nouveau l'amour.

Il ne faut jamais perdre de vue que lorsque la vie nous place devant des situations difficiles, on a des moyens pour faire en sorte d'éviter de s'engouffrer encore plus, en ne dramatisant pas les choses. On a avantage à relativiser, à voir ce qui nous arrive dans une juste perspective.

En premier lieu, il convient de se demander si la chose qui nous arrive est aussi catastrophique qu'on le voit. N'est-on pas en train d'exagérer les choses ? La plupart du temps, c'est ce que l'on fait, on exagère.

- Est-ce vrai que notre vie est réellement gâchée si l'on perd son emploi ? Cela peut être difficile, non souhaitable, mais ce n'est pas une catastrophe.

- Est-ce vrai que l'on ne peut plus jamais être heureux, si l'on perd une amie parce qu'on a eu un différend et qu'elle ne veut plus jamais nous parler ? Ce n'est pas agréable, mais ce n'est pas non plus la fin du monde.

- Est-ce vrai que si l'on se fait voler son portefeuille, c'est une catastrophe ? Non. Ce n'est pas agréable, mais on peut y survivre.

Si l'événement qui arrive est réellement frustrant et qu'on ne dispose d'aucun moyen pour l'éviter, il vaut mieux l'accepter. Plus on arrive à l'accepter rapidement, plus on parvient à reprendre le contrôle de sa vie et à être dans un état d'âme plus approprié.

Vous ne serez peut-être pas capable d'être heureux et d'avoir le sourire lorsque des événements un peu plus difficiles se présenteront, mais au moins vous n'aggraverez pas la situation en entretenant des idées complètement irréalistes.

On entend souvent des gens dire : « Mon Dieu, ma vie est une catastrophe, tout va mal. »

À ce moment-là, pourquoi ne pas demander :

— **Parle-moi donc de ta santé, comment ça va ?**

Il y a de fortes chances pour que l'on vous dise :

— Ma santé, ça va, rien de particulier à signaler !

Alors, poursuivez :

— **Parle-moi de ta relation avec tes enfants.**

— Ça va bien, rien de particulier. Ce qui va mal, c'est mon travail. Ça va mal avec mon patron, je ne suis plus capable de le supporter, je suis sur le bord du *burnout*, etc.

À la lumière de cet exemple, on s'aperçoit que certaines personnes ont tendance à se concentrer sur ce qui va mal et à proclamer que TOUT va mal, alors que la plupart du temps, beaucoup de choses vont bien dans leur vie, mais ils ne les voient pas. En fait, on ne prend plus conscience de ce qui va bien, parce

qu'être en bonne santé va de soi pour plusieurs. C'est une triste constatation.

À l'avenir, lorsque des choses n'iront pas, que des événements ne se dérouleront pas comme vous le voudrez dans votre vie, posez-vous la question suivante : « Est-ce que réellement tout va mal ? » Ne serait-ce que d'être en bonne santé, ça vaut plus que tout. Ne serait-ce que d'être aimé (des amis, de la famille), ça vaut beaucoup.

Pensez-y un instant, il y a sûrement des choses qui vont bien dans votre vie. Donc, proclamer que TOUT va mal, encore une fois, c'est irréaliste. Cela amène à vivre des états de dépression inutiles.

Souvent, on se demande pourquoi on est déprimé ; comment peut-il en être autrement quand on proclame que TOUT va mal, alors que ce n'est pas la réalité. Lorsque vous avez l'impression que tout va mal, dressez par écrit la liste des choses qui vont bien : votre santé, votre famille, ce que vous appréciez dans votre vie... et de l'autre côté écrivez ce qui va réellement mal. Au moment de la comparaison, vous ferez le constat que finalement TOUT ne va pas si mal que ça.

Exercice

Voici un exercice que vous auriez avantage à faire fréquemment lorsque vous avez l'impression que votre vie ne va pas comme vous le voulez.

Inspirez-vous des questions de la page 72 pour dresser vos listes.

Ce qui va bien dans ma vie   **Ce qui n'est pas encore parfait**

Prenez l'habitude de répondre aux questions suivantes.

- Quels sont les aspects de ma vie dont je suis heureux, actuellement?

- Pour quelles raisons suis-je heureux en ce moment?

- Qu'est-ce qui me stimule, actuellement? Pour quelles raisons est-ce que je me sens stimulé?

- Quelles sont les choses dont je suis fier, en ce moment, dans ma vie?

- Quels sont les bienfaits dont je suis reconnaissant (la santé, l'amour de mon conjoint, d'un enfant, une amitié)?

- Quels sont les gens qui m'aiment, quels sont les gens que j'aime?

- Quelles sont les choses que j'aimerais améliorer?

- Quels comportements et attitudes aimerais-je modifier pour améliorer ma vie?

En se posant des questions de ce genre, on se recentre sur ce qui va bien dans sa vie, sur ce qui est positif. Une telle démarche n'exclut pas ce qui va moins bien; elle permet de voir sa vie de façon réaliste et de prendre conscience que TOUT ne va pas si mal qu'on le croit. En prenant conscience de la relativité des choses et des événements, il est dès lors possible de retrouver une certaine énergie et, de ce fait, d'être en mesure de s'attarder à trouver des solutions pour régler les problèmes qui se présentent.

Outil d'intégration 3

L'échelle de la catastrophe

Voici un outil qui vous aidera à voir les événements dans leur juste perspective.

1. Décrivez un événement récent que vous jugez catastrophique et que vous avez dramatisé.

_____

_____

_____

2. Sur une échelle de 0 à 10, où placez-vous cet événement ?

   0_____5_____10

   0 = pas grave du tout

   10 = très grave

3. Questionnez-vous sur ce qui pourrait vous arriver de pire.

_____

_____

Et de pire encore !

_____

_____

4. Répétez cet exercice jusqu'à ce que vous arriviez à voir l'événement dans une perspective plus juste. Ainsi, vous serez en mesure d'agir de façon plus appropriée pour y faire face.

   Maintenant, en comparant cet événement passé avec ce qui pourrait arriver de pire, où le placez-vous sur une échelle de 0 à 10 ?

   0_____5_____10

   0 = pas grave du tout

   10 = très grave

Exemple d'utilisation de l'outil 3
L'échelle de la catastrophe

1. **Décrivez un événement récent que vous jugez catastrophique et que vous avez dramatisé.**

   J'apprends que mon fils de 18 ans a commis un vol dans un commerce.

2. **Sur une échelle de 0 à 10, où placez-vous cet événement ?**

   0＿＿＿＿5＿＿＿＿(10)

   0 = pas grave du tout

   10 = très grave

3. **Questionnez-vous sur ce qui pourrait arriver de pire.**

   Il aurait pu commettre un acte plus grave ayant des conséquences encore plus fâcheuses.

   Et de pire encore !

   Il aurait pu se faire agresser par la victime qui aurait voulu se défendre.

4. **Répétez cet exercice jusqu'à ce que vous arriviez à voir l'événement dans une perspective plus juste. Ainsi, vous serez en mesure d'agir de façon plus appropriée pour y faire face.**

   Maintenant, en comparant cet événement passé avec ce qui pourrait arriver de pire, où le placez-vous sur une échelle de 0 à 10 ?

   0＿＿＿＿(5)＿＿＿＿10

   0 = pas grave du tout

   10 = très grave

On constate que le degré d'intensité n'est pas forcément descendu à 0, mais le simple fait de dédramatiser la situation permettra sûrement d'agir de façon plus appropriée et de voir ce qui est arrivé d'un œil plus objectif, même si ce n'est pas toujours facile. On sera dès lors mieux en mesure de trouver des pistes de solution, au lieu d'être paralysé par des émotions dévastatrices.

Chapitre 3

L'anxiété

Le stress, cet état de tension aiguë qu'a défini le physiologiste canadien d'origine autrichienne Hans Selye, est un terme passé dans le langage courant. En effet, de nos jours, la majorité des gens vivent en état de stress. Notre vie, qui se déroule à un rythme effréné, n'est pas étrangère à cet état de fait, et un certain degré de stress est devenu chose normale : ne doit-on pas être performant ?

Il est donc devenu presque banal que l'être humain ait à vivre un certain degré d'anxiété. Toutefois, lorsque cette anxiété est vécue à un degré trop élevé, elle mène tout droit à divers problèmes, voire à la maladie. Rappelons-nous que le stress est l'une des principales causes de crises cardiaques. À la lueur de cette donnée, on comprend qu'il y va de notre santé de diminuer l'intensité du stress vécu sur une base quotidienne. Et, comme on l'a vu dans le premier chapitre, nos idées sont à la base de nos émotions, donc de l'anxiété.

À partir d'exemples, nous verrons comment il est possible de diminuer notre degré d'anxiété. Toutefois, avant de commencer la démonstration, il faut savoir que l'anxiété est une émotion composée de peur et d'impuissance. En se reportant aux tableaux *Des idées aux émotions* du premier chapitre, on peut constater que les idées générées par la peur se traduisent, entre autres, par des phrases de ce type : « S'il fallait que ceci ou cela arrive, ce serait catastrophique ! » Parallèlement, devant l'anxiété, on se sent impuissant, plus ou moins apte à faire face à une situation donnée.

Exemple

J'enseigne à l'université. Cela m'a permis de constater que beaucoup d'étudiants vivent énormément d'anxiété avant un examen. Quand j'interroge mes étudiants sur les idées qu'ils entretiennent à propos de l'examen à venir, les mêmes phrases reviennent inlassablement : « J'ai peur d'échouer ! » « S'il fallait que j'échoue, ce serait l'enfer ! Une catastrophe ! » En fait, ils se sentent plus ou moins aptes à faire face à l'examen et à leur anxiété. Ce qui, évidemment, fait augmenter leur niveau général de stress.

Plus le niveau de stress augmente, moins on est apte à adopter un comportement approprié, à se calmer, à étudier pour réussir un examen. Un étudiant stressé peut se réveiller la nuit, en pensant à l'examen et, par conséquent, éprouver beaucoup d'anxiété.

Lorsque de tels comportements m'apparaissent ou me sont rapportés, une question se révèle indispensable : « Qu'arriverait-il si, réellement, vous échouiez l'examen ? Serait-ce vraiment une catastrophe ? » Certains maintiennent leur opinion. En insistant un peu : « Réellement, est-ce vraiment une catastrophe ? », d'autres commencent à s'interroger sur le sens même du mot catastrophe. Car il faut bien l'avouer, nous avons la « catastrophe » assez facile, dans notre société.

Allons un peu plus loin dans la démonstration. Plus l'étudiant se dit « Si j'échoue mon examen, ça va être l'enfer, ça va être une catastrophe », plus il diminue ses capacités à se concentrer, à être centré sur la matière à étudier et à bien répondre aux questions posées. Il est tellement stressé qu'il ne parvient plus à fonctionner au mieux de ses capacités.

Je répète souvent à mes étudiants qu'ils ont avantage à entretenir d'autres genres d'idées à propos des examens. Ils ont avantage à se dire des choses réalistes telles que : « C'est sûr que j'aimerais mieux le réussir. Si je mets tous les efforts pour y parvenir, j'augmente mes chances. Mais s'il fallait que j'échoue, est-ce que ce serait réellement une catastrophe, est-ce que ce serait réellement la fin du monde ? Pas du tout ! Il serait plus réaliste de se dire, ce sera désagréable, ce ne sera pas *plaisant*, mais ce ne sera pas une catastrophe. »

En entretenant ce genre d'idées, l'anxiété diminue automatiquement et la capacité de comprendre augmente, tout comme celle d'étudier, ce qui permet à l'étudiant d'accroître ses chances de réussir son examen.

Cet exemple peut être appliqué dans la vie quotidienne, peu importe la situation, la sphère d'activité.

Si l'on comprend que l'anxiété est toujours liée à deux émotions, qui sont la peur et l'impuissance, une grande partie du chemin est déjà faite. Lorsque la peur gagne un individu, s'il pense qu'il y a un danger ou un ennui qui le menace, et qu'il ressent en même temps de l'impuissance, comment lui sera-t-il possible d'y faire face ?

Exemple

Faire la différence entre l'anxiété et la peur est relativement facile. Pour ce faire, prenons un exemple. Avez-vous peur lorsque vous traversez une rue ? La réponse est non pour la majorité des gens. Si vous n'avez pas peur, pourquoi regardez-vous à droite et à gauche avant de traverser ? La réponse est : « C'est normal, on ne veut pas se faire frapper ! »

Il existe donc une petite peur qui est fort appropriée dans ce cas et qui fait en sorte que, par mesure de prévention, on regarde de chaque côté avant de traverser. C'est une peur qu'il est essentiel de garder en soi.

Cette peur, ce n'est pas de l'anxiété. On ne se sent pas impuissant à faire face à la circulation automobile, à être apte à traverser une rue, parce que l'on possède la vue et que l'on sait pertinemment que si l'on regarde des deux côtés pour traverser ensuite, on arrivera fort probablement de l'autre côté sans aucun problème.

Là où cela devient de l'anxiété, c'est quand, comme dans le cas d'Aline, on n'ose pas se promener sur de grandes artères, parce qu'on a peur des voitures, peur de traverser les rues. Cette peur était tellement présente chez Aline qu'elle l'empêchait d'aller dans certains endroits. La peur l'empêchait d'agir. Son anxiété était tellement élevée qu'elle restreignait certaines de ses activités. Ce genre de situation devient un problème. À ce moment-là, Aline a avantage à travailler pour arriver à maîtriser cette peur.

Lorsqu'on vit de l'anxiété, il est possible d'utiliser le questionnement pour remettre en cause les idées qui envahissent notre esprit. À partir du moment où l'on parvient à bien comprendre ce que l'on est en train de se dire mentalement et qui nous amène à vivre de l'anxiété, remettre en cause ces idées est de l'ordre du possible.

Cas vécu 1

Christine disait souvent : « J'ai peur de sortir, le soir. J'ai peur de me faire attaquer. » C'était une peur paralysante. Pour remettre cette peur en perspective, je lui ai demandé si le danger était réel. « Bien sûr. Dans la vie, il y a toujours une possibilité de se faire attaquer, rétorqua-t-elle. Avec tout ce que les médias nous rapportent, on sait que cette possibilité existe. » Je lui ai alors demandé : « Est-il exact d'affirmer que tu es incapable d'éviter ce danger ? » (Cette idée est liée à l'impuissance.)

En prenant les moyens nécessaires pour prévenir le danger, en choisissant de passer par des lieux sécuritaires, dans des endroits bien éclairés, en se faisant accompagner, les risques de se faire agresser diminuent. Christine n'était donc pas impuissante face à cette situation. Elle pouvait prendre les moyens de diminuer les risques de se faire agresser. Se sentant moins impuissante, son anxiété a diminué.

Cas vécu 2

Certaines personnes vivent de l'anxiété essentiellement à cause de leur travail. Je repense à François, qui me disait : « Je travaille dans un milieu très précaire, il y a des compressions de personnel à tout bout de champ et j'ai toujours peur que ça tombe sur moi. Ça m'empêche de dormir, ça m'empêche de fonctionner, ça m'empêche de passer à l'action, de procéder à certaines acquisitions, comme l'achat d'une maison, parce que j'ai toujours peur de perdre mon emploi et que ça me paralyse. »

Ma première question a été : « Le danger est-il réel ? »

« Oui, continuait François, il y a de forts risques que ça m'arrive, il est fort probable que je perde mon emploi. »

Toutefois, en abordant d'autres idées, en utilisant d'autres phrases pour questionner ses idées, notamment celle-ci : « Si cela arrivait, pourriez-vous le supporter ? », nous sommes parvenus à dégager certaines croyances.

Ainsi, François entretenait l'idée que s'il devait perdre son emploi, ce serait la fin du monde. Dans cet état d'esprit, il n'envisageait pas la possibilité de trouver autre chose, d'être mieux ailleurs. Ses idées étaient toutes négatives : « Si je perdais mon emploi, ce serait l'enfer ! »

Je lui ai fait remarquer : « Est-ce réellement ça, l'enfer ? Sûrement pas ! Si ça arrivait, serait-ce réellement la fin du monde ? Pourriez-vous encore vivre après cette perte d'emploi ? »

Tout ce questionnement a permis à François de remettre en perspective les idées qu'il entretenait et qui l'amenaient à éprouver de l'anxiété. Évidemment, il était presque impossible de faire disparaître l'anxiété totalement chez cet individu qui était dans une situation précaire. Le but était toutefois de parvenir à la réduire. Au lieu de vivre un degré d'anxiété de 10 sur une échelle de 10, de ne plus dormir, d'être paralysé dans ses actes et ses décisions, ramener le degré d'anxiété à 2 sur 10 constituait déjà une grande victoire. Dès lors, François était en mesure de faire des choix éclairés, tout en demeurant prudent, parce qu'il avait conscience d'occuper un poste précaire. François a donc recommencé à bien dormir et sa santé n'est plus hypothéquée. N'est-ce pas plus approprié ?

Lorsqu'on vit de l'anxiété, on a donc avantage à remettre en question les idées qui nous amènent à la vivre, ainsi qu'à entretenir des idées plus réalistes. Par exemple, il faut se demander si cette situation ou cet événement peut être perçu comme pénible, difficile et non souhaitable, mais tout de même supportable.

Si le danger est réel, ou potentiellement réel, mais que l'on peut y survivre, s'inquiéter ne servira à rien d'autre qu'à diminuer sa capacité d'y faire face. Y faire face ne veut pas dire que François gardera son emploi, mais s'il entretient des idées réalistes, il vivra moins d'anxiété, il se sentira mieux et sera mieux en mesure de faire des choix éclairés, par exemple pour un changement d'emploi éventuel ou pour trouver des solutions de rechange dans le cas où il perdrait réellement son poste.

N'est-ce pas avantageux pour tout individu? Qui aime être stressé? Qui aime se réveiller la nuit pour ruminer ses problèmes? Ce n'est bon pour personne!

Cas vécu 3

Lorsque Karine est arrivée dans mon bureau, elle était dévastée, découragée et anxieuse. Elle venait d'apprendre que son fils, qui était en 6ᵉ année, venait d'échouer son année scolaire. Pour elle, c'était la fin du monde. C'était vraiment une catastrophe. Elle entretenait une multitude d'idées à propos de ce qui venait de se passer. Elle ne cessait de rabâcher : « Il ne fera rien dans la vie, sa vie est finie... » Elle vivait donc à la fois beaucoup de stress et de découragement.

Devant l'état de Karine, j'ai tout de suite pensé qu'il y avait peut-être d'autres événements dans sa vie qui avaient pu concourir à la mettre dans un tel degré d'anxiété. Mais en parlant avec elle, je me suis rendu compte que c'était simplement le fait que son fils rate sa 6ᵉ année qui la mettait dans un tel état. Pour elle, c'était très grave. Cette situation venait la chercher à ce point-là.

On a donc commencé à remettre en cause les idées qu'elle avait. J'ai tenté de lui faire voir ce qui venait de se passer d'un autre œil. Car à cause de son découragement excessif, de son anxiété, elle se révélait incapable d'aider son fils, inapte à trouver des solutions aux problèmes scolaires du garçon.

Une fois encore, l'échelle de la catastrophe m'a été d'un précieux secours. Sur une échelle de 0 à 10 (0 étant «ce n'est absolument pas grave que mon fils ait échoué sa 6ᵉ année» et 10 étant «c'est une catastrophe monumentale, il n'y a rien de pire, c'est atroce»), je lui ai demandé d'évaluer l'événement qui venait de se produire. Sans hésiter, elle m'a répondu : «C'est 10 sur 10.» Pour elle, il n'y avait, à ce moment-là, rien de pire.

Sur cette base, on a commencé à travailler ses idées. Qu'aurait-il pu arriver de pire ? Que pourrait-il arriver de pire ?

« Il pourrait arriver qu'il échoue encore sa 6ᵉ année l'an prochain, rétorqua Karine.

— Effectivement, ce serait pire. Mais pire que ça ? demandai-je encore.

— Je pourrais apprendre qu'il prend de la drogue, en 6ᵉ année.

— En effet, ce serait pire ! Mais essayons de penser à encore pire que ça ?

— Je ne vois pas ce qui pourrait arriver de pire, m'a annoncé Karine très sincèrement. »

On voit donc très bien dans quel état se trouvait Karine.

Alors je lui ai dit : « Je vais vous dire, moi, ce qui pourrait arriver de pire. Je ne souhaite pas que cela arrive, c'est bien la dernière chose que je vous souhaite, mais imaginons que demain matin vous receviez un appel téléphonique de l'école pour vous annoncer que votre fils a eu un accident. Il n'est pas mort, mais il restera paralysé, en fauteuil roulant, pour le restant de ses jours. Si vous receviez ce coup de fil-là demain matin, en termes de gravité sur notre échelle de 0 à 10, vous le mettriez où ? »

Et là, elle s'est redressée sur sa chaise, ses yeux ont flambé et elle m'a dit : « Ce serait 10 ! »

Maintenant, si l'on met en parallèle le fait que son fils ait raté sa 6ᵉ année, sur une échelle de 0 à 10, est-ce toujours aussi grave ? Automatiquement, elle m'a dit non. Effectivement, par rapport à l'annonce d'un accident qui le laisserait paralysé, la gravité de son échec devenait moindre.

À partir du moment où Karine a pu sortir du contexte et comprendre que si ce n'est pas agréable que son enfant échoue sa 6ᵉ année, ce n'est pas vraiment une catastrophe, on a pu commencer à travailler ses idées.

Pour commencer, on a abordé ses croyances, entre autres celle qui lui disait que, puisqu'il avait échoué sa 6ᵉ année, il ne ferait rien dans la vie. Était-ce réel, était-ce vrai ? Pas du tout.

On a donc changé ses idées afin de diminuer à la fois son découragement et son anxiété. Après notre rencontre, parce qu'elle était moins anxieuse et moins découragée, elle a été capable de parler à son fils, de l'inscrire en session de rattrapage pour l'été, de trouver diverses solutions afin de résoudre son problème de scolarité.

J'utilise souvent l'échelle de la catastrophe avec mes clients parce qu'elle permet de leur faire comprendre que ce que l'on perçoit sur le coup comme étant une catastrophe est souvent loin de l'être.

Toutefois, il faut faire attention avec cet outil. Il serait très malvenu de l'utiliser avec un client qui vient de perdre un enfant, et de lui dire ce qui pourrait arriver de pire. L'échelle de la catastrophe est un outil pour remettre en perspective des événements qui ne sont pas trop graves.

Pour Karine, que son fils ait échoué était la fin du monde. Je le reconnais. C'est pour ça que je suis intervenue, pour lui faire prendre conscience que cette gravité était toute relative, pour essayer de lui donner une autre perspective... En étant en dehors du problème, j'étais bien placée pour me rendre compte que ce n'est pas ça la fin du monde, que ce n'est pas ça une catastrophe.

Quelle est la définition d'une catastrophe ?

C'est très relatif d'une personne à une autre. Beaucoup de gens vivent de l'anxiété par rapport à l'argent, ayant peur d'en manquer : « S'il fallait que je manque d'argent, ce serait l'enfer ! » Ces personnes ont établi des standards en deçà desquels ils ne sont pas à l'aise. Il leur faut avoir une maison, deux voitures, faire des voyages, vivre dans le confort. Ils exercent sur eux-mêmes une pression extrême par un besoin absolu de toujours posséder plus, et mieux.

Le problème n'est pas tellement de vouloir avoir plus, c'est la façon de réagir à ce désir. Il y a une nette distinction entre se fixer des objectifs et désirer pour le simple plaisir de posséder.

Exemple

L'un de vos objectifs pourrait être de changer de voiture dans quelques années, pour avoir une voiture plus récente. Aucun problème jusque-là.

Le problème commence à partir du moment où vous constatez que peut-être vous n'aurez pas les moyens de vous procurer le véhicule de vos rêves. Vous commencez à vous dire que ce n'est pas drôle, qu'il faut travailler plus fort, que la vie est difficile, parce que vous risquez de ne pas pouvoir vous permettre cette voiture.

Tant et aussi longtemps que vous entretenez l'idée que ce serait agréable d'avoir une nouvelle voiture, mais que si ce n'est pas possible pour diverses raisons ce ne sera pas la fin du monde, tout va bien. Dans le fond, la voiture que vous avez vous convient quand même...

On le voit, la façon de penser est fort importante. Le problème intervient lorsqu'on veut avoir toujours plus et que si ce plus n'arrive jamais, on en devient malheureux. Et l'engrenage s'enclenche.

Dans la société actuelle, l'un des gros problèmes de plusieurs personnes est qu'elles ne se contentent jamais de ce qu'elles ont. Elles acquièrent un bien et commencent déjà à penser à ce qu'elles pourraient obtenir d'autre. Évidemment, lorsqu'elles ne l'ont pas, ça ne marche plus, elles ne sont plus heureuses.

Le concept de lâcher-prise

Depuis quelques années, le concept de lâcher-prise est de plus en plus utilisé dans divers domaines.

Dans le contexte qui nous préoccupe aujourd'hui, il consiste à se fixer des objectifs, mais aussi à être capable de se dire que si telle ou telle chose doit fonctionner, c'est parce qu'elle était pour soi. Il est essentiel de consacrer les efforts nécessaires pour réussir, mais dans le cas où cela ne fonctionnerait pas, il faut savoir lâcher prise et se dire que ce n'était probablement pas pour soi, que c'est probablement mieux ainsi.

Les risques d'anxiété diminuent à partir du moment où l'on commence à penser de manière différente, à entretenir des idées telles que : « Je convoite cet emploi, mais dans le cas où je ne l'aurais pas, au lieu de ressentir de la déception, je suis capable de me dire que fort probablement ce n'était pas pour moi et que peut-être quelque chose de mieux se présentera. De toute façon, comment puis-je être certain, hors de tout doute, que cet emploi aurait été une bonne affaire pour moi ? »

On ne peut jamais savoir d'avance ce qui sera bon ou non pour soi ; seul le temps fera en sorte qu'on saura réellement si tel ou tel geste ou événement s'est finalement révélé bon ou mauvais.

Cas vécu 4

David convoite un emploi, il va passer l'entrevue et n'obtient pas le poste. Il est placé devant une alternative, vivre énormément de découragement et se lamenter : « C'est la fin du monde, j'aurais aimé l'avoir, c'est affreux, etc. », ou bien se dire : « Il y a peut-être une raison pour laquelle je ne l'ai pas obtenu, peut-être va-t-il m'arriver quelque chose de mieux... »

David continue donc ses recherches et, quelques semaines plus tard, un nouvel emploi s'offre à lui, qu'il obtient et qui finalement se révèle beaucoup mieux que ce qu'il aurait pu obtenir du premier.

Les crises de panique

Fréquemment, des personnes viennent me consulter parce qu'elles sont victimes de crises de panique. La crise de panique, c'est l'anxiété poussée à son paroxysme. Elle a lieu lorsque quelqu'un éprouve soudainement, souvent sans signe précurseur, une angoisse intense. Ces crises surviennent rapidement et atteignent une intensité démesurée. Elles s'accompagnent d'un sentiment de danger ou de mort imminente. Les crises de panique sont souvent décrites comme « L'expérience la plus troublante de ma vie ».

Les individus souffrant de troubles de panique ont souvent peur d'avoir une nouvelle crise. Ils s'inquiètent aussi souvent des conséquences de la crise.

Ces troubles de panique peuvent survenir à tout âge. L'apparition de ces crises se fait souvent lors d'une période de stress considérable. Malgré le fait que seulement 3 % de la population souffrent de ces troubles, il est intéressant d'en connaître les symptômes.

Les symptômes physiques peuvent être :

- tension ou douleurs musculaires ;
- tremblements ;
- nervosité extrême ;
- fatigue ;
- insomnie ;
- difficulté à respirer ;
- rythme cardiaque plus rapide que la normale ;
- mains moites ;
- forts sursauts.

Les symptômes affectifs peuvent être :

- impression d'être à bout de nerfs ;
- inquiétude démesurée ;
- difficulté de concentration ;
- agressivité et agitation ;
- peur que quelque chose de grave arrive ;
- appréhension extrême de mourir ;
- tristesse.

Cas vécu 5

Prenons le cas de Benoît, un jeune homme dans la fin de la vingtaine. Il m'a raconté ceci : « À un moment donné, hier au travail, j'ai senti que j'étais en train de faire une crise cardiaque. Je suis monté dans ma voiture, j'ai brûlé tous les feux rouges pour me rendre plus vite à l'hôpital, parce que j'étais sûr que mon heure était venue. »

À l'hôpital, on lui a fait les tests qui s'imposent dans ces cas-là. Finalement, on lui a dit qu'il était en parfaite santé physique.

C'était dans sa tête que ça n'allait plus. Il avait fait une crise de panique. Le cœur était en parfait état, il n'était pas question de crise cardiaque.

Évidemment, Benoît était découragé. Il se demandait comment il était possible de se faire de l'anxiété au point de ressentir sur le plan physique des symptômes de crise cardiaque : battements de cœur accélérés, palpitations, bras engourdi, difficulté à respirer... Tout cela pour finalement se faire dire que tout était dans sa tête.

Benoît était très démuni devant une pareille situation. Nous avons regardé ensemble les idées qu'il entretenait. Nous nous sommes aperçu que lorsqu'il était stressé, des idées négatives lui venaient en tête : « Que se passerait-il si je mourais ? » Dès lors, sa fréquence cardiaque s'accélérait, et les battements augmentant, les idées s'axaient de plus en plus sur l'éventualité de la mort : « Peut-être est-ce vraiment ce qui est en train de se passer ? Je suis en train de faire une crise cardiaque. » Devant une telle peur, son souffle se faisait plus court, etc.

De telles pensées ont fait en sorte qu'il a atteint un degré d'anxiété excessivement élevé... de l'ordre de la crise de panique. Il était certain que son heure était venue.

En nous penchant sur son problème, nous sommes arrivés à cerner que sa plus grande crainte était de sentir que son cœur commençait à battre plus rapidement. Lorsque les palpitations cardiaques s'étaient emparées de lui, il était sûr de faire une crise cardiaque et d'être près de la mort. Cela l'avait alors poussé à adopter des comportements inappropriés : monter dans sa voiture, griller tous les feux rouges et se précipiter à l'hôpital, tout cela pour finalement se rendre compte que son cœur était en parfaite santé.

Benoît avait peur de mourir. Pourtant, en montant dans sa voiture et en brûlant tous les feux rouges, il augmentait ses risques de mourir, et pas d'une crise cardiaque...

Nous avons donc travaillé ses idées. Tout commençait par une fréquence cardiaque plus élevée. Je lui ai dit : « Prenons l'hypothèse que vous deviez courir pour attraper votre autobus, allez-vous avoir des battements de cœur accélérés ?

— Oui, tout à fait.

— Serez-vous anxieux à ce moment-là

— Non, parce que ce sera normal. Je cours, j'augmente donc ma fréquence cardiaque. »

Nous en sommes donc arrivés à la conclusion que de voir augmenter sa fréquence cardiaque n'était pas grave du tout. Cela n'équivalait pas à « Je vais mourir, je suis en train de faire une crise cardiaque ». Ce n'était que le fait qu'il entretienne ce genre d'idées à propos de la mort, de sa peur de mourir qui contribuait à faire augmenter sa fréquence cardiaque et entraînait d'autres symptômes.

Le phénomène s'est reproduit. Benoît était chez lui quand il a de nouveau senti une augmentation de sa fréquence cardiaque. Il a alors songé : « Actuellement, je me sens un peu inquiet et mon rythme cardiaque s'accélère. »

Je lui avais montré des techniques de respiration qu'il a mises en pratique, et comme nous avions travaillé les idées qu'il entretenait, il a pu les relativiser : « Ce n'est pas grave, mon cœur s'accélère, mais ça ne veut pas dire que je suis en train de mourir. La preuve est que, lors de ma visite à l'hôpital, on a fait tous les tests, tout était en ordre, je suis en parfaite santé, les risques sont minimes, tout va bien. J'ai donc avantage à me calmer, à respirer profondément, à entretenir des idées plus réalistes par rapport à mon cœur... »

Benoît a réussi à se calmer et, évidemment, les autres symptômes ne se sont pas manifestés.

Ce n'est pas toujours facile de reconnaître les idées qui nous passent par la tête. Mais il ne faut pas oublier que nous avons le contrôle de notre cerveau. J'ose espérer que vous êtes conscient que vous êtes le seul roi et maître de ce que vous vous dites. On sait pertinemment ce que l'on est en train de se dire, si l'on s'arrête pour écouter son discours intérieur.

Si on éprouve de l'anxiété, quand on songe que ce serait l'enfer de perdre son travail, un bon moyen de dédramatiser la situation est d'écrire ses pensées, les idées qu'on entretient. « Je suis en train de me dire que ce serait l'enfer si je perdais mon travail, que ce serait une catastrophe, que je n'y survivrais pas. Est-ce la réalité ? La réalité est que ça ne serait pas agréable, mais que ça ne serait pas l'enfer. La réalité est que fort probablement j'y survivrais. »

Exemple

Revenons à notre échelle de la catastrophe. Les gens qui vivent de l'anxiété sont portés à exagérer les choses, à donner des proportions extravagantes à ce qui leur arrive.

S'ils sont pris dans la circulation, c'est l'enfer. Ils deviennent excessivement anxieux. Pris dans un embouteillage, alors qu'ils devaient arriver à 13 h et qu'ils arriveront plutôt vers 13 h 15 ou 13 h 20, eh bien, pour eux, c'est extrêmement grave. Est-ce bien la réalité? Est-ce réellement si grave?

Autrefois, on nous disait : « Tu ne t'en souviendras plus le jour de tes noces... » Dans le même ordre d'idées, il faut se demander si ce que l'on perçoit comme excessivement grave l'est tellement, ou si ça n'est pas plutôt excessivement ennuyeux. Allez-vous vous en souvenir dans un an, dans deux ans? Trouverez-vous alors cela aussi grave? Il faut être capable de se projeter dans l'avenir, de prendre du recul pour se demander quel regard on portera alors sur cet événement. Sera-t-il encore si grave? La plupart du temps, la réponse est non.

L'un des exercices que je recommande consiste à se poser cette question : « Dans le passé, y a-t-il des événements que, sur le coup, j'ai perçus comme une catastrophe? À l'époque, ils ont été difficiles à vivre, mais avec du recul, je suis capable de me dire que finalement ce n'était pas si grave. »

En d'autres mots, quels événements ai-je dramatisés sur le coup et qui me semble aujourd'hui moins graves?

Prenez le temps de les écrire; vous prendrez alors conscience qu'avec du recul, on est souvent en mesure de voir ces événements sous un autre jour.

Exemples

1. Ma première rupture amoureuse m'a parue comme étant la fin du monde. Aujourd'hui, je peux même en rire.

2. J'ai été remercié d'un emploi que j'aimais bien, il y a plusieurs années. Avec du recul, je me rends compte que c'est la meilleure chose qui pouvait m'arriver.

3. J'ai échoué un cours de finances lorsque j'étudiais à l'université. Sur le coup, j'étais très découragé, avec du recul, je comprends que ce n'était vraiment pas une catastrophe.

_____

_____

_____

_____

_____

_____

_____

_____

Pourquoi, en tant qu'êtres humains, ne serions-nous pas capables, lorsqu'un événement se produit, de nous dire : « Ce n'est pas agréable, c'est ennuyeux, mais ce n'est pas la fin du monde. Je vais tenter de laisser passer du temps, je vais travailler mes idées et je vais me dire que ce n'est peut-être pas si grave que ça. Fort probablement que, si j'arrive à entretenir des idées comme celles-là, je vais passer au travers beaucoup plus facilement. »

Plusieurs événements peuvent être l'occasion de se faire des idées amenant à vivre de l'anxiété. Le stress est souvent à l'origine d'insomnie, de dépression ou de maladies dites psychosomatiques.

Certaines situations sont plus susceptibles de susciter des idées amenant à vivre un degré d'anxiété plus élevé. Parmi ces situations, on trouve :

• décès du conjoint;

• divorce;

• séparation (conjoints);

• incarcération;

- décès d'un proche ;
- accident ou maladie ;
- mariage ;
- licenciement ;
- réconciliation avec le conjoint ;
- retraite ;
- problème de santé d'un proche ;
- grossesse ;
- changement d'emploi ;
- problèmes sexuels ;
- conflit avec le conjoint ;
- changement dans les finances ;
- mutation professionnelle ;
- enfant quittant le foyer ;
- conflit avec les beaux-parents ;
- début ou fin des études ;
- changement de conditions de vie ;
- ennuis avec un supérieur ;
- déménagement ;
- changement d'école ;
- changement de loisirs ;
- changement d'activités sociales ;
- grosses dépenses ;
- changement dans ses horaires de sommeil ;
- changement de ses habitudes alimentaires ;
- vacances ;
- fêtes de fin d'année ;
- infraction mineure (contravention).

Lorsque ces situations surviennent, on a le choix de décider de modifier sa perception de leur gravité. Comme nous l'avons mentionné précédemment, ce n'est pas toujours facile à faire, mais rappelons-nous que c'est de l'ordre du possible. Souvenons-nous qu'il est fortement avantageux de travailler ses idées lorsqu'on doit affronter des situations de la sorte.

Ne perdez pas de vue que si l'anxiété perdure et que votre organisme est incapable d'y faire face, vous risquez de passer à une phase d'épuisement. Fréquemment, je rencontre des clients qui en sont à cette étape. Le travail est plus long et plus ardu étant donné leur état. Souvent, leurs défenses immunitaires sont au plus bas, ce qui les rend très vulnérables à la moindre bactérie ou maladie. Ils se trouvent dans un état de tension excessive et apparaissent alors la fatigue, la colère et parfois même la dépression.

Solutions

Avant de clore ce chapitre, voyons deux autres moyens supplémentaires de vaincre l'anxiété. Additionnés à la modification de nos idées irréalistes, ces moyens vous seront sûrement d'une grande utilité.

Moyen 1

La respiration

Notre respiration influe sur notre état général, mais aussi sur nos pensées et notre esprit. Lorsqu'on est nerveux, quel est notre premier réflexe ? On prend une grande inspiration.

- Vous êtes à bord d'un petit avion et vous vous apprêtez à sauter en parachute à 4 000 m d'altitude. Inévitablement, vous prenez une profonde inspiration.
- Vous êtes sur le point de faire un discours devant un auditoire de 200 personnes. Vous allez expirer et inspirer à quelques reprises avant d'entrer en scène.

C'est un réflexe très humain et fort efficace. Nous aurions intérêt à l'utiliser davantage. Il faut cependant respirer de la bonne manière. Voici une technique efficace. Suivez les étapes une à une et réutilisez cette technique le plus souvent possible.

1. Prenez une inspiration profonde par les narines. Ne forcez pas, ne levez pas les épaules et ne sortez pas la poitrine (c'est la partie inférieure de votre abdomen qui doit monter).

2. Retenez l'air de 8 à 10 secondes.

3. Expirez lentement par la bouche en 8 à 10 secondes.

Utilisez cette technique à tout moment, dans la voiture, en vous réveillant le matin ou en vous couchant le soir, et surtout lorsque vous sentez l'anxiété monter en vous. Combinée à une remise en question des idées que vous avez en tête, cette technique de respiration vous aidera à diminuer grandement l'intensité de votre anxiété.

Moyen 2

L'activité physique ou le mouvement

Ce n'est un secret pour personne, l'activité physique est une excellente façon d'éliminer les hormones de stress accumulées dans l'organisme. Beaucoup de personnes se plaignent de manquer de temps pour faire de l'activité physique. Pourtant, nous disposons tous de 168 heures par semaine. Nous avons le choix de les utiliser comme nous le voulons.

Je trouve toujours très particulier de me faire dire par certaines personnes : « Je suis débordé, c'est impossible pour moi de prendre du temps, ne serait-ce qu'une demi-heure trois fois par semaine pour faire de l'exercice. » Désolée, je n'adhère pas à ces propos. À mon avis, ces personnes font le choix de ne pas faire d'activité physique.

Chacun pourrait décider de remplacer une ou deux émissions de télévision par semaine par une bonne marche. On peut se réveiller une demi-heure plus tôt pour s'entraîner. À mon avis, il y a plusieurs solutions possibles, certaines personnes ne veulent tout simplement pas les connaître. Remarquez que c'est leur choix !

Quoi qu'il en soit, il est important de se rappeler que faire de l'activité physique ne veut pas nécessairement dire d'aller au gym. Cela peut tout simplement vouloir dire BOUGER ! Jouer dehors avec les enfants, monter l'escalier au lieu de prendre l'ascenseur, marcher pour aller au dépanneur du coin au lieu de prendre la voiture, bref, une série de petits changements qui, placés l'un à la suite de l'autre, feront une différence. Et ça ne vous coûte rien d'essayer !

Chapitre 4

La jalousie et l'infériorité

Pourquoi traiter la jalousie et l'infériorité dans le même chapitre ? Tout simplement parce que ce sont deux émotions étroitement liées, mais aussi parce que la jalousie découle en partie de l'infériorité.

La jalousie est une émotion de type composé. Comme l'indiquent les quelques lignes que nous avons déjà consacrées à ce sentiment (voir *Des idées aux émotions*, page 50), la jalousie est composée à la fois d'anxiété, de colère et d'infériorité.

En premier lieu, en se penchant sur le cas de l'anxiété dans ce contexte, on découvre que les idées qui mènent à ces émotions se traduisent par la peur de perdre l'être cher. On a peur que la personne nous quitte pour quelqu'un d'autre. La notion de peur est donc elle aussi étroitement liée à la jalousie.

En deuxième lieu, c'est le sentiment de la colère qui est exacerbé. À la peur de perdre l'être aimé se mêlent des idées comme celles-ci : « Il n'a pas le droit de me faire ça », « Il n'a pas le droit d'agir ainsi », « Il n'est pas correct », etc.

D'autres exemples : « Il n'est pas correct qu'il regarde d'autres femmes que moi », « Elle ne devrait pas aller dîner avec un collègue de travail avec qui elle s'entend bien », « Il n'a pas le droit d'aller prendre une bière avec ses amis. »

La troisième émotion, l'infériorité (dévalorisation), se base sur la comparaison. Lorsqu'une personne pense que son conjoint pourrait être intéressé par quelqu'un d'autre, elle est en train de juger, de regarder l'autre et de s'y comparer, avec des phrases de ce type : « Mon conjoint va peut-être la trouver plus intéressante », « Il a quelque chose de plus que moi. » En se comparant ainsi, cette personne vit un sentiment d'infériorité par rapport à la personne rivale.

La notion de « besoin absolu d'être aimé »

Lorsqu'on aborde la jalousie, la notion de « besoin absolu d'être aimé » revient souvent dans le discours. Beaucoup de gens s'imaginent qu'ils ont absolument besoin de l'amour de telle ou telle personne afin d'être heureux. Dans la réalité, est-ce bien vrai ?

Cas vécu 1

Pour expliquer la notion de besoin absolu, prenons l'exemple de Martine.

Martine ressentait énormément de jalousie concernant son conjoint. Une jalousie presque maladive, surtout orientée vers les gens avec qui Daniel, son conjoint, travaillait (des femmes, évidemment), et de la jalousie à propos de rencontres qu'il aurait pu faire.

En commençant à explorer les idées qu'elle entretenait à ce sujet, nous nous sommes aperçues que depuis plusieurs années, Martine était convaincue qu'elle avait absolument besoin de son conjoint pour être heureuse. Elle ne cessait de se répéter que s'il la quittait, sa vie était finie.

Tant et aussi longtemps que Martine a cru qu'elle avait un besoin absolu de son conjoint et que sans lui sa vie n'aurait plus de sens, elle se mettait dans un constant état de stress provoqué par la peur de perdre son conjoint.

En conséquence, Martine ne se sentait jamais heureuse, jamais bien dans sa peau. Elle avait constamment l'idée que son conjoint pouvait la quitter à tout moment. Effectivement, c'est quelque chose de tout à fait possible. Tous les conjoints peuvent partir, avoir un accident, préférer vivre avec quelqu'un d'autre, vouloir vivre seul, changer d'orientation sexuelle, etc. Bref, personne n'est à l'abri d'un tel événement qui peut faire partie des aléas de la vie.

Pour Martine, cette éventualité était une perpétuelle source d'anxiété. Elle était terrifiée à l'idée que son conjoint ne l'aime plus (et cela pouvait arriver). Ayant un tel besoin de l'amour absolu de Daniel, Martine acceptait une multitude de comportements que la plupart d'entre nous trouverions inacceptables. Parce qu'elle se disait : « Il faut absolument qu'il aime », elle n'osait pas s'affirmer et acceptait des choses qu'elle aurait eu avantage à ne pas permettre.

Martine était devenue une poire d'amour ! Qu'est-ce que c'est, me direz-vous ? C'est quelqu'un qui est prêt à tout accepter de son conjoint par peur de le perdre.

Pendant que Martine entretenait l'idée que Daniel était irremplaçable, elle n'arrivait donc plus à fonctionner normalement, surtout à la pensée qu'il pourrait ne plus être là. Elle se mettait dans une position où elle devait accepter l'inacceptable, en plus de vivre de l'anxiété, de la jalousie, de l'infériorité et de la colère envers Daniel.

Martine aurait pu éviter de vivre toutes ces émotions désagréables en entretenant des idées plus réalistes face à sa relation avec Daniel. Par exemple, elle aurait eu avantage à penser : « Je veux être avec Daniel, il m'apporte beaucoup, et mon objectif est aussi de lui apporter en retour de l'amour et de partager une vie intéressante avec lui. Si, pour différentes raisons, il lui arrivait quelque chose ou s'il me quittait, je pourrais connaître de la tristesse et d'autres émotions désagréables, mais la vie continuerait... » Voilà des phrases plus réalistes qui auraient contribué à diminuer les émotions désagréables que Martine vivait. En changeant son mode de pensée aliénant, Martine aurait été beaucoup moins à la merci de ses émotions désagréables et beaucoup moins portée à accepter des comportements inadmissibles dans sa relation de couple. Évidemment, si cela avait été facile, si ce mode de pensée avait été le sien, Martine ne serait pas venue me consulter. Il me fallait donc explorer avec elle diverses avenues afin de l'aider à modifier sa façon d'entrevoir sa relation.

Martine me disait que Daniel travaillait constamment. Pour sa part, elle restait à la maison et s'occupait presque seule de leurs trois enfants. Elle veillait à leur éducation. Son conjoint ne lui manifestait pas beaucoup d'affection ni d'intérêt.

Martine vivait un sentiment de jalousie exacerbé. Elle en était venue à s'imaginer qu'il pouvait avoir une relation extraconjugale au travail. En explorant la façon dont Martine agissait avec Daniel, nous avons constaté qu'elle utilisait fréquemment des phrases comme : « Mon Dieu, je ne serais rien sans toi, ne me quitte jamais », « S'il fallait qu'on se laisse, ma vie serait finie. »

Et Daniel, fort intelligemment, lui répétait : « Ne t'inquiète pas, je serai toujours là, je vais t'aimer. » Il disait de belles paroles, mais son comportement ne reflétait pas ses bons mots. Daniel ne s'occupait que très peu de ses enfants, ne se préoccupait pas beaucoup d'elle, était constamment parti, privilégiait beaucoup sa relation avec ses amis. Martine se sentait donc délaissée et était très jalouse.

En se demandant si elle avait réellement un besoin **absolu** de son conjoint, elle s'est finalement aperçue que la réponse était non. Elle préférait qu'il soit là, mais tant et aussi longtemps qu'elle lui démontrait qu'elle avait absolument besoin de lui pour vivre, il se permettait d'exagérer, fort probablement en se disant : « Elle sera toujours là, elle me le dit constamment », « Si je ne suis plus dans sa vie, c'est la fin pour elle, alors je peux me permettre de ne pas trop m'en occuper, de passer beaucoup de temps avec mes amis, de ne pas vraiment faire attention aux enfants. » Daniel savait pertinemment que sa femme serait toujours là, peu importe ce qu'il ferait.

En travaillant ses idées, Martine a pris conscience qu'elle voulait continuer de vivre avec son mari, mais pas à n'importe quel prix. Elle a commencé à modifier sa façon de penser et sa façon d'agir avec lui. Elle a continué à lui manifester de l'affection et lui a également fait prendre conscience que leur relation était importante pour elle : « Tu es le père de mes enfants, je t'aime, j'ai beaucoup d'amour pour toi, mais ce n'est pas à tout prix. Je désire être traitée avec amour, je désire que tu participes à la vie familiale et à l'éducation des enfants, puisqu'on avait décidé ensemble d'avoir des enfants. Donc, oui, je veux être avec toi, mais je n'ai pas besoin de ton amour à tout prix. Ton amour n'est pas irremplaçable. »

Voilà des propos qui ont tôt fait de faire prendre conscience à Daniel que sa femme pouvait effectivement partir s'il ne réagissait pas à ces demandes.

Dans les semaines qui ont suivi un tel discours, Daniel a peu à peu modifié son comportement, en voyant que Martine changeait d'attitude. Même si elle continuait à être aimante envers lui, elle lui exprimait aussi ses désaccords devant certains comportements. Son amour n'était plus inconditionnel. Daniel en a pris conscience et cela lui a permis de changer de comportement.

Dans un couple, si l'un des deux partenaires commence à changer, cela aura une répercussion sur le comportement et l'attitude de l'autre.

L'histoire de Martine et Daniel est résumée ici de façon simpliste. Nous avons pu par ailleurs trouver d'autres causes à la jalousie excessive de Martine.

Quand on vit de la jalousie, on se sent souvent dévalorisé, comme nous l'avons vu. On vit de l'infériorité. Ce sentiment d'infériorité est, à la base, un manque d'estime de soi. Si on se compare constamment aux autres, que ce soit sur les plans physique, intellectuel, financier, un sentiment d'infériorité est à prévoir.

> **En résumé, pour s'attaquer à la jalousie, il faut confronter les trois émotions qui la sous-tendent : la colère, l'anxiété et l'infériorité.**

Cas vécu 2

Rolande éprouve de la jalousie concernant son conjoint. Parmi les idées qu'elle ressasse reviennent des phrases comme : « J'ai peur de perdre mon conjoint, j'ai peur qu'il me quitte et s'il fallait que ça arrive, ça serait la fin du monde. » Elle ressent donc de l'anxiété face à cette perte éventuelle.

Il lui faut faire un retour sur ses idées et elle doit se demander : « Si je perdais réellement mon conjoint, serait-ce la fin du monde ? Ne serait-ce pas plutôt désagréable, non souhaitable et triste, mais pas la catastrophe appréhendée ? » La première émotion que Rolande doit affronter, c'est l'anxiété.

Rolande doit aussi faire face à sa colère. Elle se dit souvent : « Mon conjoint ne devrait pas agir comme il le fait », « Mon conjoint ne devrait pas regarder une femme qui passe dans la rue lorsqu'il la trouve jolie. »

Dans la réalité, y a-t-il une loi qui empêche Maurice, son conjoint, de regarder une jolie femme dans la rue ? Est-ce vrai qu'il ne devrait pas le faire ? Rolande préférerait qu'il ne la regarde pas, mais dans la réalité, il le fait. Elle aurait donc plutôt avantage à se dire : « Je préférerais qu'il ne la regarde pas, mais dans le fond, il en a parfaitement le droit, même si ça me déplaît. »

Notons ici que la notion de « il en a le droit » pourrait aussi être interprétée par : « Il peut le faire, la preuve, c'est qu'il le fait. »

Et enfin, l'infériorité. Évidemment, lorsque Rolande constate que Maurice regarde quelqu'un d'autre, en plus de se dire qu'il ne devrait pas le faire, elle songe : « S'il fallait qu'il la trouve plus belle, plus intéressante que moi. S'il fallait qu'il soit intéressé par cette personne-là ! » De telles idées conduisent Rolande à se concentrer sur son sentiment d'infériorité, en se comparant constamment.

L'expression « La beauté est souvent dans l'œil de celui qui regarde » est tout à fait vraie.

Exemple

Je mesure 1,60 m et j'ai de longs cheveux blonds, ma voisine mesure 1,80 m et est une belle brune. Certains hommes préfèrent les petites blondes et donc, à leurs yeux, je suis beaucoup mieux que la grande brune. Mais l'inverse est aussi vrai. Tout est une question de goût, une question d'opinion, mais ce n'est pas un fait. Voilà ce qu'il ne faut jamais perdre de vue. Tout est très relatif. Nous avons tous avantage à accepter ce que nous sommes, notre façon d'être et l'image que nous projetons. Il est possible de travailler cette image, de travailler sa personnalité, mais nous sommes tous nés avec un corps différent, une apparence différente. À nous d'apprendre à accepter de vivre avec ce que nous avons reçu.

Lorsque la jalousie s'empare de nous, il faut continuellement affronter trois émotions désagréables : l'anxiété, la colère et l'infériorité. Étant donné que ces trois émotions sont toujours présentes lorsqu'on parle de jalousie, il faut se servir de trois formulaires de confrontation et bien en séparer les différentes idées, pour ensuite les remettre en question dans le but de diminuer la jalousie.

Plus la jalousie est vécue à une intensité élevée, moins la personne qui en est victime agit de façon constructive.

Si Martine et Rolande se laissent posséder par la jalousie à une intensité très élevée, il est fort probable qu'elles n'accueilleront pas leur conjoint respectif à bras ouverts à leur retour à la maison, parce qu'elles se seront inquiétées en leur absence.

Martine se mettra en colère en pensant qu'il était avec une autre femme. Au lieu de l'accueillir en lui disant : « Je suis contente de te voir », elle installera un cercle vicieux où la colère alimentera la colère. Plus elle sera inquiète et jalouse, moins elle l'accueillera avec chaleur à son arrivée, plus Daniel sera malheureux de rentrer à la maison, plus Martine sera en colère, etc. Vous voyez le portrait !

Plus on vit de la jalousie à une intensité très élevée, plus on risque de provoquer à court ou à moyen terme ce que l'on appréhendait.

Martine appréhendait que son conjoint la quitte ou la trompe, et c'est ce qui aurait pu se passer. Invariablement, chaque fois qu'il arrivait en retard, elle s'était imaginé des choses. Elle s'était fait des scénarios qui n'étaient pas du tout fondés. Mais chaque fois que Daniel était accueilli par de la colère ou des larmes, il pouvait basculer. De guerre lasse, Daniel aurait pu finir par aller voir ailleurs ou la quitter.

Avec ce genre d'émotions et de comportements, on s'attire souvent ce que l'on appréhende.

Les scénarios

Beaucoup de personnes se construisent des scénarios. Dans certains cas, ce sont même des téléromans, de la pure fiction.

Ces personnes commencent à s'imaginer des choses qui ne correspondent pas du tout à la réalité. Elles vont jusqu'à chercher des preuves pouvant confirmer les scénarios qu'elles créent de toutes pièces. Pour ces personnes, ces scénarios sont si réels qu'ils deviennent leur réalité même si, en vérité, tout n'est que pure fabrication de leur imagination.

Cas vécu 3

Parce que son conjoint était en retard, Véronique s'imaginait qu'il était avec une autre femme. Dans son scénario, sa rivale était superbe, une vraie top-modèle, excessivement intelligente et gentille... Quand Frédéric arrivait, Véronique avait si bien alimenté sa colère qu'elle lui faisait une scène terrible. Mais voilà qu'elle apprenait que Frédéric avait simplement été retenu au bureau par une réunion.

Elle s'était bâti de toutes pièces un scénario, rien n'était réellement arrivé. Véronique s'était mise en colère, avait crié, avait injurié Frédéric... À petit feu, elle détériorait sa relation de couple et risquait même de s'attirer ce qu'elle appréhendait. Évidemment, par la suite, elle se sentait très coupable et pleurait en s'excusant, mais, invariablement, elle recommençait.

La plupart des scénarios sont négatifs et jamais avantageux pour la personne qui les monte. Ces scénarios peuvent néanmoins parfois s'avérer vrais, me direz-vous? Possible, mais le jour où vous aurez la preuve que ce que vous pensez est ce qui se passe vraiment dans la réalité, alors vous prendrez les moyens pour remédier au problème. Vous passerez à l'action à ce moment-là. En attendant, se faire des idées alors que ce n'est peut-être pas du tout la réalité ne donne absolument rien et est totalement irrationnel.

Cas vécu 4

Voici l'histoire de Marie et Robert. Marie ne sait plus que faire devant la jalousie de Robert. Elle se demande si cela lui passera un jour. Leur vie est un perpétuel enfer qui dure depuis plus de huit ans et ne s'améliore pas avec les années.

Déjà, dans ce bref énoncé, nous constatons que Marie fait du problème de Robert son propre problème. On peut deviner qu'elle a tenté par tous les moyens d'en venir à bout. Elle fait tout pour ne pas éveiller la jalousie de Robert et elle tente de le persuader de la fausseté de ses soupçons lorsqu'il en manifeste.

Les soupçons perpétuels de Robert empoisonnent leur vie. Selon Marie, ils ne sont pas fondés, mais elle n'arrive jamais à le convaincre. Il interprète le moindre regard qu'elle pose sur un autre homme comme une infidélité ou comme un désir envers ce dernier. Aussi est-elle toujours extrêmement prudente dans ses gestes et ses propos afin d'éviter toute ambiguïté. Lorsqu'elle parle d'un collègue de travail ou d'un ami commun, Robert devient ironique, laissant entendre qu'elle le trouve certainement plus attrayant que lui et qu'elle devrait partir avec lui, tant qu'à y être. S'il ne connaît pas son horaire, c'est sûrement qu'elle est avec un autre, si elle est en retard, c'est qu'elle lui cache quelque chose, si elle reçoit un appel de quelqu'un et qu'elle se fait brève, c'est qu'elle a un amant. Robert fait constamment allusion au fait que Marie pourrait le quitter pour un autre. Les soupçons à tout propos, les allusions blessantes à répétition et les accusations inutiles, voilà ce que subit Marie chaque jour!

Tant pour Robert que pour Marie, cette situation est devenue insoutenable. Robert en est venu à espionner Marie au cours de ses déplacements. Ses soupçons sur la «double vie» de Marie le font énormément souffrir. Il vit continuellement dans l'insécurité. Il craint qu'elle soit séduite par un autre homme, car il est convaincu de ne pas être à la hauteur. D'une part, sa propre apparence physique lui pose des problèmes, d'autre part, il sent bien que son attitude est aussi néfaste pour sa relation. Au fond de lui, il ne se trouve pas très correct, mais il ne s'arrête que très peu à cette pénible impression. Robert n'aborde jamais ces problèmes avec Marie. Il se laisse contrôler par la peur que ses problèmes entraînent une rupture plutôt que de les avouer et de consacrer des efforts à les régler.

Si on demande à Robert quelle serait la solution à sa jalousie, il rejette la faute sur Marie en prétextant qu'elle devrait changer ses comportements. Il joue à la victime en se déresponsabilisant et en rejetant la faute sur l'autre. Ce faisant, il n'a pas à faire face à son problème, puisque c'est la faute de l'autre!

Marie songe de plus en plus à quitter Robert, car elle commence à penser qu'il ne changera jamais.

Comme c'est souvent le cas lorsqu'on vit de la jalousie, Robert ne pense qu'à éliminer ce qui le dérange. S'il n'avait plus d'occasions d'éprouver de la jalousie, il serait rassuré et se sentirait plus en sécurité. Ce qu'il souhaite est toutefois impossible. Quoi qu'il fasse, ses besoins continueront d'exister et ceux de Marie aussi. Il n'aura donc pas le choix de s'en occuper s'il veut que la jalousie disparaisse.

Dans cet exemple, on note très bien la présence des trois émotions qui composent la jalousie. Premièrement, Robert vit de la colère en pensant que Marie ne devrait pas parler à un collègue de travail ou encore arriver en retard. Plus il entretient de telles idées, plus sa colère monte. Viennent ensuite les propos blessants et les accusations inutiles.

Deuxièmement, Robert vit beaucoup d'infériorité. En pensant que Marie pourrait partir avec son collègue ou qu'elle pourrait le trouver plus attirant que lui, il est en train de se comparer et de se dire qu'elle le trouve sûrement plus intéressant. Par conséquent, des phrases telles que « Tu devrais partir avec lui, tant qu'à y être » ou « Tu le trouves sûrement mieux que moi » dénotent bien le genre de sentiments vécus par Robert.

Troisièmement, le fait que Robert ait sans cesse peur de perdre Marie montre bien l'anxiété qu'il subit. Il a peur qu'elle le quitte. Il appréhende qu'elle puisse trouver quelqu'un d'autre plus intéressant, bref, il vit continuellement avec la peur qu'elle puisse ne plus faire partie de sa vie.

La comparaison mène presque inévitablement à se sentir inférieur un jour ou l'autre.

Il est non seulement inutile de se comparer aux autres, mais c'est aussi totalement inapproprié. Si je me compare, à partir de quels critères, sur quelle base puis-je affirmer que telle personne est mieux que moi ? Tout est une question de goût, d'opinion. Se comparer devient totalement futile.

Le réflexe de se comparer aux autres est pourtant très profondément ancré chez certains. Dès notre enfance, on a pris l'habitude de se comparer aux autres. Malheureusement, chez certaines personnes ce comportement semble persister toute leur vie.

Évidemment, lorsque je me compare à quelqu'un que je juge, selon mes critères, moins bien que moi, tout va bien. Je ne vis pas d'infériorité, je peux même me sentir supérieur. Par exemple, si je me compare à une autre personne sur le critère de la scolarité, je peux me trouver supérieur, car je possède un baccalauréat alors que l'autre ne détient qu'un diplôme d'études secondaires. Encore faut-il que ce critère ait de l'importance à mes yeux. Encore une fois, tout est relatif. Par contre, si je me compare à quelqu'un qui détient un doctorat et que j'accorde beaucoup d'importance au critère de la scolarité, je m'expose à vivre de l'infériorité (dévalorisation).

On peut toujours se comparer d'après divers critères tels que l'apparence physique, le degré de scolarité, l'aptitude à communiquer, l'habileté à pratiquer un sport, bref, une multitude d'éléments sur lesquels on peut s'évaluer par rapport aux autres. Mais il convient ici de se demander : « En quoi est-ce utile ? » Certains répondront : « Me comparer me permet de m'améliorer, je deviens dès lors plus conscient que je peux devenir meilleur et je consacre les efforts nécessaires afin d'atteindre ce but. » Si la comparaison est faite dans cette optique, il n'y a aucun problème. Les complications surviennent lorsque, à la suite de cette comparaison, je commence à me dire que je suis moins bon, moins belle, moins intelligente, etc. À partir du moment où je juge que la personne avec qui je me compare est mieux, selon tel ou tel critère, je peux dès lors commencer à vivre de l'infériorité (dévalorisation).

L'estime de soi

Vous aurez compris que l'infériorité est intimement liée à une faible estime de soi. Définissons d'abord ce qu'est l'estime de soi.

L'estime de soi est le résultat d'une autoévaluation. Elle se manifeste par la fierté qu'on a d'être soi-même et repose sur l'évaluation continue de ses propres actions. Que nous en soyons conscients ou non, l'évaluation que nous faisons de nos comportements et de nos attitudes nous affecte toujours. À chaque action relativement importante, nous émettons un verdict qui peut ressembler à « ce que je fais est valable à mes yeux » ou « ceci n'est pas valable ». Dans le premier cas, l'action me valorise, alors que dans l'autre, je me sens dévalorisé. De plus, cette appréciation s'inscrit immédiatement en mémoire et s'attache au concept de l'estime de soi.

Lorsqu'on parle de la valeur que l'on s'accorde à soi-même, on parle de la valeur **intrinsèque**.

La valeur **extrinsèque** est cependant la valeur que les autres accordent à mes actions, à mes comportements et à mes attitudes. Par exemple, si une amie me dit qu'elle apprécie mon écoute et mon empathie, elle porte un jugement de valeur sur mes qualités d'écoute à son égard. Il ne faut pas perdre de vue que ce n'est qu'une question d'opinion, ce n'est pas nécessairement une réalité. Une autre personne de mon entourage peut penser tout à fait le contraire de mes qualités d'écoute. Tout est relatif. Pourquoi alors me sentir dévalorisé si un individu a une opinion plus ou moins favorable devant un comportement que j'adopte? Il a droit à son opinion. C'est sa perception et pas nécessairement une réalité. À partir du moment où je prends conscience que les gens ont droit à leur propre façon de me percevoir et que, de toute façon, quoi que je fasse, je ne saurai jamais faire l'unanimité, je fais un pas vers l'acceptation de moi-même, tel que je suis.

Lorsqu'on a une haute estime de soi, on a tendance à mettre ses aspirations de l'avant et à être stimulé. Au contraire, lorsqu'on a une faible estime de soi, on peut facilement renoncer à repousser ses limites, de peur de ne pas réussir. Certains préféreront l'inaction plutôt que de risquer l'échec.

L'estime de soi affecte aussi les relations amoureuses. Il est difficile de croire en l'amour de l'autre quand notre propre opinion de nous-même est négative. Il nous arrive donc de mettre en doute les manifestations amoureuses de notre conjoint, car selon notre point de vue, il n'y a qu'un être de peu de valeur qui puisse être intéressé à une personne aussi misérable que nous. À cause de cela, nous allons souvent vers des personnes dont l'amour est complexe, inaccessible ou impossible à gagner. Certains entretiennent l'idée que s'ils réussissent à être aimés, ce sera la preuve de leur valeur. Mais ces efforts échouent dans la majorité des cas.

La relation amoureuse entre deux personnes dont l'estime de soi est élevée a de meilleures chances de réussir. D'abord parce que l'estime est un des éléments importants d'une relation saine et équilibrée. De plus, la sécurité personnelle qui découle de l'estime de soi peut faciliter la résolution des problèmes de la vie intime.

La personne est moins facilement menacée et elle se met moins sur la défensive.

Sur une telle base, les amants peuvent se consacrer à leur développement et à celui de leur relation. Ils sont aussi plus en mesure de soutenir l'autre dans son épanouissement. Ils dépensent moins d'énergie à être en quête de sécurité et à rechercher une validation de leur valeur aux yeux de l'autre.

Une pauvre estime de soi peut provenir de plusieurs facteurs, en voici quelques-uns :

- une faible estime de soi des parents ;
- l'inconstance dans l'application de la discipline ;
- des mots qui blessent ;
- les critiques constantes des parents ou de l'entourage ;
- l'accent mis sur les faiblesses plutôt que sur les forces ;
- les attentes trop élevées ;
- l'interprétation des erreurs comme étant des échecs ;
- la surprotection ;
- les réussites passées sous silence ou ignorées.

Heureusement, l'estime de soi peut se développer. Une forte estime de soi favorise le succès. Elle encourage la prise de risques, la recherche de solutions innovatrices, elle consolide la détermination et la persévérance. Ces attitudes mènent souvent à la réussite qui, à son tour, entretient à la fois la confiance et l'estime. D'autre part, la multiplication des réalisations et des victoires contribue à faire supporter les échecs qui seraient désastreux chez une personne à l'estime de soi vulnérable.

Plus mon estime de moi est élevée et plus j'augmente mes chances de réussir ce que j'entreprends. À mes yeux, je mérite de réussir ; c'est pourquoi je n'hésite pas à y consacrer les efforts nécessaires. Cette attitude m'attire plusieurs victoires qui me permettent de confirmer ma confiance dans ma capacité de réussir. Cette confiance acquise, les échecs ne sont plus des atrocités à bannir, mais plutôt des expériences desquelles je tire profit.

À l'inverse, si mon estime personnelle est faible, je ne suis pas porté à viser haut, à me fixer des buts élevés. Mes ambitions avortent souvent, par manque de persévérance et par ma crainte d'échouer. Je ne possède pas cette force qui me pousserait à obtenir ce que je veux, car je crois que je n'en vaux pas la peine. Mon manque de ténacité est souvent responsable de mes échecs et, au bout du compte, de mon manque de confiance dans mes capacités. À cause de la mauvaise opinion que j'ai de moi, je me satisfais de relations peu enrichissantes, d'un emploi qui ne me permet pas de me réaliser et d'une vie bien en deçà de mes aspirations.

Questionnaire

Estime de soi

Voici un questionnaire vous permettant de déterminer votre degré d'estime de vous-même. Répondez par une des réponses suivantes : T = Toujours, P = Parfois, R = Rarement, J = Jamais.

1. Il m'arrive de renoncer à mes projets parce que je doute de ma capacité de réussir.	
2. Je change facilement d'opinion au cours d'une discussion pour ne pas déplaire.	
3. Je me sens impuissant à gérer mon avenir.	
4. Mes idées sont parfois confuses et j'oublie ce que je veux dire.	
5. J'ai l'impression d'être malhabile dans plusieurs circonstances.	
6. J'ai le sentiment de ne pas être aussi performant que les autres.	
7. Je me sens inutile.	
8. Je résiste au changement, cela me fait peur.	
9. Je me sens coupable de céder aux autres.	
10. J'ai de la difficulté à accepter les compliments.	
11. Je me fais du mauvais sang pour des détails qui n'en valent pas la peine.	

12. Les autres peuvent me faire changer d'avis facilement même si, au départ, j'étais convaincu.	
13. Je me trouve une multitude de défauts et je me sens impuissant à les changer.	
14. J'ai de la difficulté à prendre des décisions et à m'y tenir.	
15. Je suis naturellement anxieux.	
16. Je suis très stressé lorsque je travaille.	
17. La vie est un combat pour moi.	
18. Je me sens coupable si les autres sont froids à mon égard.	
19. Je préfère m'habiller de façon discrète.	
20. J'ai de la difficulté à dire non.	
21. J'ai de la difficulté à exprimer mes émotions ou à les verbaliser de la bonne façon.	
22. Je suis facilement mal à l'aise.	
23. Je recule devant les difficultés.	
24. Je suis très sensible à la critique.	
25. Je suis troublé par les déceptions et j'ai de la difficulté à arrêter de me centrer dessus.	
26. Lorsque des gens parlent entre eux, j'ai l'impression qu'ils parlent contre moi ou qu'ils me jugent.	

Comptabilisez maintenant vos résultats.

5 points pour Toujours,

3 points pour Parfois,

2 points pour Rarement,

1 point pour Jamais.

Entre 130 et 108 points

Votre estime de vous-même est au plus bas. Vous doutez constamment et vous éprouvez sûrement beaucoup de honte. Vous êtes persuadé que quoi que vous tentiez, vous ne réussirez pas. Vous vous dénigrez facilement et vous avez tendance à focaliser sur ce qui va mal. Vos pensées négatives minent constamment votre humeur. Vous avez tendance à tenir des propos négatifs : « Je n'y arriverai jamais, je ne suis pas capable, je ne réussis jamais rien, je suis nul, etc. » Vous êtes menacé par des moments de dépression et de découragement intenses. Vous avez de la difficulté à entrer en contact avec les autres faute de confiance en vous. Vous êtes méfiant à leur égard.

Entre 107 et 80 points

Vous êtes très anxieux et les changements vous affectent beaucoup. Vous vous critiquez facilement et vous avez du mal à gérer vos émotions. Quand vous devez vous engager dans un projet, vous vous mettez beaucoup de pression et vous avez tendance à demander l'avis d'une multitude de personnes avant de prendre une décision. Malgré les diverses recommandations, vous avez quand même de la difficulté à vous décider. Vous avez souvent le sentiment d'être dans une impasse, ce qui vous pousse à l'inaction.

Entre 79 et 55 points

Vous aspirez à être la personne que vous aimeriez être si vous arriviez à être plus créatif, si vous osiez davantage. Vous recherchez fréquemment à vous faire rassurer sur le bien-fondé de vos décisions ou de vos actions, ce qui vous rend dépendant de l'opinion de votre entourage. Vous avez souvent peur de décevoir, peur de dire non, par crainte de déplaire ou de ne pas être aimé. Vous vous oubliez en faisant passer les besoins des autres avant les vôtres. Vous minimisez vos réussites et, à l'occasion, vous amplifiez vos défaites.

Entre 54 et 30 points

Vous avez suffisamment confiance en vous. Vous connaissez vos limites et vous êtes équilibré. La plupart du temps, vous êtes capable d'exprimer vos émotions de façon appropriée. Vous êtes persévérant lorsqu'un projet vous tient à cœur. Vous avez de la facilité à être empathique, ouvert aux autres et attentif à leurs problèmes. Vous tenez compte de leurs besoins et de leurs droits sans toutefois vous oublier. Vous ne vous laissez pas marcher sur les pieds et vous vous donnez le droit d'exprimer votre point de vue, même s'il diffère de celui des autres. Vous avez de la facilité à prendre des décisions, à faire des demandes et à dire non quand vous le jugez nécessaire.

Moins de 30 points

Votre confiance en vous est à son paroxysme. Vous avez la conviction que vous êtes une personne unique, exceptionnelle et supérieure aux autres. Vous avez de la difficulté à vous remettre en question et vous ne tenez pas toujours compte des autres, de leur avis ni de leurs besoins. Vous pouvez parfois devenir intraitable et dominateur. Vous pouvez avoir tendance à écraser les gens qui vous entourent. Ne vous laissez pas éblouir par cette assurance intérieure et cette estime de vous-même qui frise l'arrogance et la prétention.

En route vers la reconstruction de l'estime de soi

La reconstruction de l'estime de soi passe par différentes étapes que nous allons explorer ensemble. Vous trouverez dans la présente section divers moyens et outils vous permettant de faire un pas vers cette reconstruction.

1. Accordez-vous le droit à l'imperfection

La perfection existe-t-elle, d'après vous ? Pour ma part, je ne l'ai pas encore rencontrée. Encore une fois, tout est une question d'opinion. Je peux penser que mon livre est extraordinaire et parfait, selon mes critères, alors qu'une autre personne peut le juger très ordinaire et imparfait. Selon notre point de vue et nos critères, nous jugeons les choses à notre manière et d'après notre perception personnelle. Lorsque je prends conscience que j'ai le droit de me tromper, car de toute façon tout le monde fait des erreurs, je comprends que celles-ci peuvent être perçues comme des expériences dont je peux tirer un apprentissage et non comme des bévues abominables.

2. Reconnaissez vos forces

Le fait de nous arrêter pour établir la liste de nos qualités nous permet de nous centrer sur nos points forts. Cela nous incite aussi à les exploiter et à les entretenir. L'exercice suivant vous permettra de les répertorier.

Répondez aux cinq questions suivantes.

1. Quelles sont mes principales qualités ?

_____

_____

_____

_____

2. En général, les gens de mon entourage m'apprécient pour mes qualités et attitudes. Quelles sont-elles ?

_____

_____

_____

_____

3. De quelles réalisations suis-je fier ?

_____

_____

_____

_____

4. Qu'est-ce que je réussis habituellement bien ?

_____

_____

_____

_____

5. Y a-t-il des comportements ou des attitudes que j'ai réussi à améliorer en vieillissant ?

_____

_____

_____

_____

À la suite de cette réflexion, prenez conscience que vous avez des forces et que vous avez intérêt à les exploiter. Du même coup, prenez conscience des éléments que vous auriez avantage à améliorer et fixez-vous des objectifs réalistes que vous pourrez atteindre afin de devenir la personne que vous souhaitez devenir.

Contrat et garde-fous

Vous trouverez plus loin un exemple de plan d'action communément appelé le contrat et les garde-fous, qui vous aidera à atteindre vos buts.

Voici comment utiliser le présent contrat.

Étape 1

Tout d'abord, fixez-vous un objectif général (vous pouvez vous reporter à l'exemple qui figure à la page 116). Cet objectif peut être de tout ordre. Il peut tout autant se situer sur le plan comportemental que sur le plan émotionnel. L'important, c'est qu'il soit clairement défini; qu'il soit précis et mesurable. Par mesurable, on entend « qui me permettra d'évaluer si j'ai atteint mon objectif ou non ».

Par exemple, un objectif mesurable peut être formulé ainsi :

Augmenter mon estime personnelle en me donnant le droit de dire non, et ce, sans culpabilité.

Étape 2

Définissez ensuite un premier objectif secondaire. Les objectifs secondaires vous aideront à atteindre votre objectif général en contribuant à vous en rapprocher. Ils ont la particularité d'être plus faciles à atteindre, car ils représentent simplement une étape vers la concrétisation de votre objectif général.

Les objectifs secondaires doivent également être précis et mesurables. À partir de l'exemple précédent, on pourrait formuler un objectif secondaire comme suit.

Lorsque Pierre, mon collègue de travail, veut me déléguer une tâche qui ne m'appartient pas, je suis capable de lui dire non en lui expliquant pourquoi il m'est impossible de l'accomplir.

Étape 3

Déterminez les moyens que vous utiliserez pour atteindre cet objectif. Comment allez-vous vous y prendre ? Quelles stratégies allez-vous employer ?

Étape 4

Fixez-vous une échéance, une date à laquelle vous aurez atteint cet objectif secondaire. Sans échéance, vous risquez de constamment remettre à plus tard.

Étape 5

Mettez-vous un garde-fou. Qu'est-ce qu'un garde-fou ? Ce sont ces structures que l'on trouve sur le bord des autoroutes. Les garde-fous nous empêchent de dévier de notre trajectoire si, par malheur, nous perdons la maîtrise de notre véhicule. Ils peuvent nous aider à nous ramener sur le droit chemin dans le cas où il y aurait effectivement une perte de contrôle.

Appliqué au contrat, le garde-fou nous permet de ne pas dévier de notre objectif. Il nous aide à rester focalisés sur la poursuite de ce dernier. Vous avez le choix de vous mettre des garde-fous positifs ou négatifs.

Voici la distinction entre les deux. Le garde-fou positif est l'équivalent d'une récompense que je m'accorde lorsque j'aurai atteint mon objectif secondaire. Le garde-fou négatif, vous l'aurez deviné, est plutôt une punition ou une privation que je m'impose.

Personnellement, je préfère grandement les garde-fous positifs ; ils sont à mon avis plus stimulants et m'encouragent davantage à me discipliner pour atteindre mon objectif secondaire.

La vie est trop agréable pour s'imposer délibérément des châtiments. Toutefois, certains de mes patients ont trouvé les garde-fous négatifs plus efficaces pour eux. À vous de juger ce qui sera le plus bénéfique pour vous.

Étape 6

Inscrivez la date à laquelle vous avez atteint un premier objectif secondaire. Si cette date est antérieure à l'échéance que vous vous étiez fixée à l'étape 4, félicitez-vous ! Si elle est ultérieure, soyez indulgent envers vous-même. L'important, c'est d'avoir atteint ce premier objectif. Tentez toutefois de respecter les échéances de vos autres objectifs secondaires. L'atteinte de ce premier objectif devrait contribuer à vous stimuler. Soyez fier de vous !

Exemple de contrat et de garde-fous

Objectif général : Augmenter mon estime personnelle en me donnant le droit de dire non, et ce, sans culpabilité.

1er objectif secondaire : Lorsque Pierre, mon collègue de travail, veut me déléguer une tâche qui ne m'appartient pas, je suis capable de lui dire non en lui expliquant pourquoi il m'est impossible de l'accomplir.

Moyens à utiliser pour atteindre mon objectif : j'avertis Pierre à l'avance que je suis surchargé de travail et que je ne pourrai pas l'aider au cours des prochains jours.

Échéance : Le 7 juillet.

Garde-fous : Si je fais part à Pierre de mes intentions de me concentrer sur mon travail plutôt que de l'aider, je pourrai me faire plaisir en prenant le temps d'aller voir le film ou la pièce de théâtre que je voulais voir depuis longtemps.

Objectif atteint le : 7 juillet (je n'oublie pas de me féliciter).

2e objectif secondaire : Lorsque mon amie m'appelle plusieurs fois par semaine pour me raconter ses problèmes et jouer à la victime, je décide de lui accorder une dizaine de minutes et de lui dire ensuite que j'ai une rencontre avec quelqu'un d'important. Cette personne importante, c'est moi. Je m'accorde du temps de qualité pour faire ce que j'aime.

Moyens à utiliser pour atteindre mon objectif : Faire preuve de franchise avec cette amie et planifier du temps pour moi par la suite. M'assurer de respecter le temps que je lui alloue en lui mentionnant au début de la conversation qu'il me fera plaisir de discuter avec elle une dizaine de minutes.

Échéance : Le 29 juillet.

Garde-fous : Si je respecte le temps imparti pour écouter mon amie, je prendrai un bon bain avec mon livre préféré.

Objectif atteint le : 2 août. Je me félicite quand même. Malgré un léger retard, l'important, c'est d'y être arrivé.

3e objectif secondaire : Lorsque mon fils de 19 ans me demande de faire sa lessive, son lunch, le ménage de sa chambre, je suis dorénavant capable de lui faire prendre conscience qu'il est capable de le faire lui-même et que cela va contribuer à le responsabiliser face à ses diverses obligations.

Moyens à utiliser pour atteindre mon objectif : J'entreprends une discussion avec lui afin de lui faire part de mon contrat et je lui demande son aide afin d'atteindre mon objectif.

Échéance : Le 15 août.

Garde-fous : Si j'arrive à exprimer mes besoins à mon fils et à être dorénavant capable de dire non à certaines de ses nombreuses requêtes, je consacrerai le temps que je gagne à suivre un cours de piano. Mon rêve de toujours.

Objectif atteint le : 1er août. Non seulement je me félicite d'avoir devancé la date de mon objectif, mais je peux sûrement dire que mon objectif général a été atteint.

À vous de jouer. Prenez le temps de dresser votre propre contrat.

Exercice
Le contrat et les garde-fous

Objectif général :

1ᵉʳ objectif secondaire :

    Moyens à utiliser pour atteindre mon objectif :

    Échéance :

    Garde-fous :

    Objectif atteint le :

2ᵉ objectif secondaire :

    Moyens à utiliser pour atteindre mon objectif :

    Échéance :

    Garde-fous :

    Objectif atteint le :

3ᵉ objectif secondaire :

    Moyens à utiliser pour atteindre mon objectif :

    Échéance :

    Garde-fous :

    Objectif atteint le :

Réévaluer ses croyances

Nous traiterons plus amplement dans un prochain chapitre de nos croyances dynamisantes, mais aussi de nos croyances limitatives. Dans la reconstruction de l'estime de soi, on a avantage à faire l'inventaire de ses croyances limitatives et à les remettre en question. Il convient alors de se poser la question suivante : « Quelles sont mes croyances et pourquoi est-ce le cas ? »

Cas vécu 5

Patricia n'ose pas refuser à son patron de partir plus tard du bureau. Elle n'arrive pas à dire non, car elle craint de lui déplaire. Elle fait beaucoup d'heures par semaine, jusqu'à 60 heures et plus, et ce, assez fréquemment. Son manque d'estime d'elle-même fait en sorte que Patricia croit qu'elle pourrait passer pour une personne difficile à vivre si elle n'acquiesçait pas aux demandes de son patron. Elle continue donc à accepter les requêtes de ce dernier, même si elle est au bord de l'épuisement professionnel.

Patricia doit se poser les questions suivantes :

• Pourquoi est-ce que je m'empêche de refuser les requêtes de mon patron ?

— Parce que je vais irriter mon patron.

• Et alors ?

— Je vais passer pour quelqu'un de difficile à vivre.

• Et alors ?

— Mon patron va me critiquer !

• Et alors ?

— Je ne peux supporter qu'on me critique.

• Pourquoi ?

— Parce qu'au travail, il faut être parfait !

Voici la croyance qui pousse Patricia à agir de la sorte. Est-ce que cette croyance est la vérité ? Pas du tout !

Il est vrai qu'on a avantage à donner le meilleur de soi-même au travail, mais il est faux de prétendre qu'on doit être parfait. Comme nous l'avons mentionné antérieurement, la perfection n'existe pas. De plus, si je dis oui continuellement en ne respectant pas mes limites, je risque de tomber malade. Serai-je plus avancé ? Sûrement pas !

Dans le chapitre traitant des croyances, nous aborderons plus longuement la technique utilisée afin de briser nos croyances limitatives. Mais revenons à la jalousie ; nous comprenons maintenant que la jalousie provient en partie de l'infériorité que l'on ressent. Cette infériorité provient d'un manque d'estime de soi. De plus, la colère et l'anxiété font partie intégrante de la jalousie. J'ai donc avantage à travailler mes idées à propos de ces trois émotions : l'infériorité, la colère et l'anxiété.

Test
Afin de déterminer si vous éprouvez de la jalousie, cochez les énoncés dans lesquels vous vous reconnaissez.

1. Je suis jaloux si mon conjoint trouve une autre personne attrayante.	
2. Je n'aime pas que mon conjoint puisse s'intéresser à une autre personne.	
3. Je ne puis supporter l'idée qu'une autre personne regarde mon conjoint.	
4. Je surveille les allées et venues de mon conjoint.	
5. Je suis jaloux lorsque mon conjoint a un plaisir, quel qu'il soit, sans moi.	
6. Je suis jaloux du conjoint de mon ex.	
7. Je suis jaloux des amis ou des membres de la famille de mon conjoint.	

Chapitre 5

La culpabilité

Voilà un sentiment qui ronge une multitude de gens. Pourtant, la culpabilité est une émotion totalement inutile. Voyons pourquoi.

D'abord, personne ne possède de machine à remonter dans le temps pour aller y effacer ce qui a été fait. De plus, on se sent toujours coupable d'une action commise dans le passé. Évidemment, me direz-vous, car il est impossible de se sentir coupable pour quelque chose que l'on n'a pas encore fait.

À partir du moment où l'on prend conscience que l'on se sent toujours coupable de quelque chose qui est passé et sur lequel on n'a aucun pouvoir, on comprend que l'on ne peut rien y changer. On ne peut qu'admettre que l'action ou le geste n'était pas idéal et qu'à l'avenir on ne tirera aucun avantage à agir de la même façon. Mais on ne peut pas changer ce qui a été fait.

La plupart des gens vivent de la culpabilité pour différentes raisons. Par exemple, une mère peut se sentir coupable parce qu'elle a giflé son enfant. Certains auront un sentiment de culpabilité parce qu'ils ont volé, détruit, agressé, d'autres parce qu'ils ne vont pas voir leurs parents assez souvent, etc. Les raisons de se sentir coupable sont multiples.

Comme nous l'avons mentionné, on ne peut pas se sentir coupable pour une action que l'on fera demain. Personne ne peut dire : « Je me sens coupable parce que demain, je vais envoyer paître mon patron ! »

La culpabilité est une émotion qui arrive toujours *a posteriori*, par la suite. On en vient alors à se dire : « Je n'aurais pas dû agir ainsi » ou « J'aurais dû faire ceci ou cela. »

Entretenir ce genre d'idées, en sachant pertinemment que l'on ne peut rien y changer, ne donne absolument rien. Par contre, prendre conscience que l'action commise n'était pas une bonne chose est fort souhaitable, voire tout à fait nécessaire. Néanmoins, s'épuiser à se culpabiliser, à se dire : « Mon Dieu, je n'aurais pas dû, qu'est-ce que j'ai fait ? J'aurais dû agir autrement », en sachant très bien que l'on n'y peut rien changer, n'est pas constructif. Pendant que l'on entretient ce sentiment de culpabilité, on n'est pas en train de réparer ou d'arranger la situation. Ce qui est fait est fait !

Cependant, en prenant conscience qu'on aurait eu avantage à agir autrement plutôt que de rester à se lamenter avec des « je n'aurais pas dû », il est possible de passer à l'action pour, peut-être, arranger les choses, minimiser les conséquences ou corriger la situation. Dans ce cas, l'énergie et les efforts sont mis au service d'une action utile et rentable.

Comme dans le cas des autres émotions, la culpabilité n'est pas causée par l'action que l'on a commise, mais plutôt par les idées que l'on décide d'entretenir à propos de cette action. La preuve en est que certaines personnes ne se sentiront nullement coupables des actions qu'elles commettent alors que d'autres, en faisant le même geste, ressentiront de la culpabilité. Force est d'admettre que ces deux groupes de personnes sont bien différents et pensent de manière distincte. C'est la raison pour laquelle elles ne vivent pas la même émotion.

Comme on l'a vu dans les tableaux de la section *Des idées aux émotions*, la culpabilité est entretenue par ce genre de phrases : « Je n'aurais pas dû agir ainsi », « Je ne devrais pas agir ainsi ou faire ceci », « Je n'avais pas le droit de commettre cette action-là », etc.

Il faut toutefois vous rappeler que quand le geste a été commis, à ce moment-là, avec les idées que vous aviez et les émotions que vous ressentiez, il vous était pratiquement impossible d'agir autrement. À ce moment précis, vous avez agi en fonction de ce que vous croyiez bon pour vous. Peut-être que dans la seconde qui a suivi, vous vous êtes rendu compte que vous n'auriez pas dû agir ainsi, et c'est alors que la culpabilité est apparue.

Cas vécu 1

Prenons le cas d'Hélène. Elle se sent extrêmement coupable parce qu'elle crie très fréquemment après son fils âgé de huit ans. Elle perd patience et se met à crier après lui très souvent. Par la suite, elle ressent énormément de culpabilité. Le soir, en se couchant, elle repense aux événements de la journée et se sent coupable. Le remords l'empêche de dormir, elle ne cesse de se répéter : «Je n'aurais pas dû crier après lui, c'est un enfant, pauvre petit», etc.

En commençant à travailler ses idées, Hélène en est venue à se demander s'il était utile pour elle de s'empêcher de dormir une partie de la nuit parce qu'elle avait crié après son fils en début de la soirée. Elle en est venue à la conclusion que son désir n'était pas d'éduquer son fils en lui criant après. Elle était très consciente que ce n'était pas en criant que ses messages passeraient le mieux, au contraire. Elle n'atteindrait pas son objectif avec son enfant en criant après lui.

Elle a aussi pris conscience qu'elle est un être humain faillible. Elle avait crié, c'est vrai, ce n'était pas la meilleure chose à faire, mais c'était du passé. Hélène a pris conscience de l'inutilité de la culpabilité et a décidé qu'à partir de ce jour, elle voulait vraiment faire des efforts pour garder une certaine maîtrise de ses émotions lorsqu'elle avait des reproches à faire à son fils.

Hélène a compris que cette prise de conscience était importante. Elle n'avait aucun intérêt à s'empêcher de dormir toute la nuit, à pleurer, à ressasser des «je n'aurais pas dû». Elle ne voulait plus gaspiller ses énergies avec des phrases inutiles, mais plutôt les mobiliser pour trouver des solutions et avoir un meilleur contrôle de ses émotions. Voilà qui était bien plus constructif.

Cas vécu 2

Cynthia se sent excessivement coupable d'avoir commis un adultère. Elle a été infidèle à son conjoint des 10 dernières années. C'est quelque chose qu'elle ne peut se pardonner. Depuis quelque temps, elle se dit : «Je n'arrive plus à le regarder en face. Je vis

beaucoup de culpabilité, de remords, ça m'empêche de dormir. »
Elle sentait que son couple était en péril à cause du geste qu'elle
avait fait et qu'elle se reprochait beaucoup.

Cynthia a eu à se pencher sur des questions comme celles-ci :
« Est-il possible de changer ce qui s'est passé ? Pourquoi est-ce
arrivé ? » En y allant plus à fond dans le questionnement, Cynthia
a compris que depuis plusieurs années elle sentait que son conjoint
s'éloignait d'elle, elle constatait qu'il ne lui témoignait plus
d'affection...

L'idée n'est pas ici de rejeter toute la faute sur l'autre. Dans
un couple, chacun a ses torts et chacun doit mettre de l'eau dans
son vin. Toutefois, dans le cas de Cynthia, on sent poindre des
raisons, qui n'excusent certes pas son geste, mais qui, tout au
moins, tendent à l'expliquer.

En se posant d'autres questions comme : « Mon couple est-il
si important ? Est-ce que je tiens à rester avec mon conjoint ? »,
elle s'est rendu compte qu'il valait la peine de travailler à ne plus
reproduire ce comportement. Ce n'était pas ce qu'elle voulait, cela
ne correspondait pas aux valeurs sur lesquelles elle et son conjoint
s'étaient entendus. Cynthia a compris qu'elle avait donc avantage
à accepter ce qui s'était passé, puisqu'elle ne pourrait jamais
rien y changer. Cependant, il lui restait le choix de consacrer ses
énergies à faire en sorte que son couple aille mieux, à trouver des
solutions afin que son couple s'épanouisse et retrouve l'harmonie
des premières années.

Bien sûr, il existe des milliers d'occasions à propos desquelles
on peut ressentir de la culpabilité. Une personne peut se sentir
coupable de ne pas appeler ses parents assez souvent.

À partir du moment où elle prend conscience qu'elle devrait les
appeler plus souvent, à partir du moment où des phrases comme
« Je leur manque, je ne suis donc pas un bon enfant ! » surgissent,
elle peut agir. À la place de se passer ces réflexions stériles, elle
peut passer à l'action en refusant de vivre de la culpabilité et en
cessant de ressasser ces idées. Pour ce faire, elle peut décider de
voir ses parents plus fréquemment, de passer du temps de qualité
avec eux ou de leur téléphoner plus souvent. Dès ce moment, elle
trouvera des solutions pour écarter son sentiment de culpabilité.

Il ne faut pas perdre de vue que pendant que l'on vit de la culpabilité, que l'on se dit que l'on n'aurait pas dû, on n'est pas en train de passer à l'action pour réparer les choses ou pour empêcher que de tels événements ou situations se répètent.

Si vous avez fait quelque chose qui, dans votre esprit, a nui à autrui, demandez-vous ce que cela changera pour la victime de vos actes si vous vous en sentez coupable. Rien du tout.

Par contre, en décidant de passer à l'action pour réparer, dans la mesure du possible, ce que vous considérez comme ayant causé du tort à cette personne, pour atténuer les conséquences ou pour compenser les dommages, vous êtes dorénavant orienté vers des solutions. En agrémentant la vie de cette personne ou en faisant de bonnes actions, vous agissez de façon constructive.

Certaines actions demeurent irréparables. Malgré tout, une fois encore, dites-vous bien que vous ne pouvez rien y changer. Prenez la responsabilité de vos actes mais, de grâce, cessez de vivre dans une perpétuelle culpabilité. Tournez-vous vers des éléments de solution si c'est possible. Sinon, assurez-vous de ne pas répéter les gestes et les comportements que vous jugez maintenant inappropriés.

Exemple

Impulsivement emportée par ma colère parce que mon conjoint m'a fait faux bond, je lui lance une série d'insultes. Mes injures ont fait leur œuvre. Mon conjoint est à la fois chagriné et abasourdi. Je suis maintenant dans tous mes états, et la culpabilité monte en moi. Que vient-il exactement de se passer ?

La culpabilité arrive lorsqu'on commet un geste en désaccord avec nos valeurs. La culpabilité repose toujours sur deux éléments :

1. Le fait que j'aie dérogé à mes valeurs.

2. Le fait que j'aie eu le choix et la capacité de le faire.

La culpabilité est un terme couvrant un ensemble d'émotions. Je suis mécontente envers moi d'avoir transgressé mes principes, mes valeurs. J'ai de la difficulté à blesser autrui et je viens de le faire. Je me sens aussi coupable d'avoir cédé à l'impulsion. Je suis attristée d'avoir fait de la peine à mon conjoint. Je le regrette amèrement, car il ne méritait pas un tel traitement.

Le geste que j'ai commis et les paroles que j'ai dites ont créé une certaine déstabilisation en moi. J'ai contrevenu à mes valeurs. La culpabilité m'indique donc que j'ai été déloyale envers moi-même dans une situation où j'avais peut-être le choix de l'être.

Cependant, ne perdons pas de vue qu'au moment où j'ai fait cette action, je vivais une multitude d'autres émotions et j'avais en tête des idées qui rendaient difficile l'adoption d'un comportement différent.

Voici quelques comportements pouvant indiquer que vous vivez de la culpabilité. Dans la liste suivante, cochez les comportements dans lesquels vous vous reconnaissez.

1. Parce que je me sens indigne, j'éprouve des difficultés à m'octroyer du plaisir.	
2. J'ai choisi un conjoint ou une profession qui ne me convient pas. Inconsciemment, c'était dans le but de me punir. De toute façon, si le bonheur croisait mon chemin, il se transformerait en malheur.	
3. Je me blâme constamment.	
4. Je me crois souvent responsable des conflits ou des bévues de mes proches.	
5. J'ai de la difficulté à accepter des compliments.	
6. Mes parents m'ont appris que la vie n'était que sacrifice et obligation, je me sens donc coupable chaque fois que je prends plaisir à quelque chose.	
7. Je ressens souvent de l'insécurité face aux autres, je pense qu'ils ne m'aiment pas.	
8. Je dis toujours oui, de peur de me sentir coupable par la suite.	

9. J'offre parfois des cadeaux pour me faire pardonner mes absences ou mes colères.	
10. Je critique les autres en projetant involontairement mes propres défauts sur eux (phénomène de projection).	
11. J'ai des problèmes sexuels résultant d'abus sexuels subis dans le passé et je m'en sens coupable.	

Si vous vous êtes reconnu dans une ou plusieurs de ces affirmations, vous avez grandement intérêt à vous défaire de la culpabilité que vous ressentez fréquemment.

Une fois de plus, il convient de répertorier vos croyances afin d'éliminer celles qui vous limitent et qui vous amènent à vous sentir continuellement coupable. Vous ferez l'inventaire de ces croyances dans le chapitre traitant de ce sujet. Cet exercice vous aidera à remettre en question certaines croyances limitatives qui vous conduisent constamment à vivre de la culpabilité.

De plus, le recours à la confrontation vous sera fort utile afin de diminuer votre sentiment de culpabilité. Reportez-vous aux questionnement liés à cette émotion, dans les tableaux de la section *Des idées aux émotions*, et affrontez vos idées par écrit.

Les crimes fictifs

Certaines personnes pensent commettre des crimes fictifs. Fictifs car ces crimes, qui n'ont jamais été commis, sont souvent fondés sur des incriminations qu'elles se font à elles-mêmes de façon injustifiée ou par des messages destructeurs provenant de leurs parents. Elles se condamnent comme si ces crimes étaient réels. Il est possible qu'une personne se sente coupable de plusieurs crimes fictifs en même temps. Voici quelques exemples de crimes fictifs.

1. Impression de trahir les siens

On peut se sentir coupable si l'on a le sentiment d'avoir déçu les espoirs de ses parents. On peut avoir une orientation sexuelle différente, avoir enfreint les règles familiales en ayant des opinions politiques différentes, ou encore avoir choisi une profession contraire à celle qu'auraient souhaitée nos parents. Ces derniers sont déçus de ce qu'on est devenu par rapport à ce qu'ils escomptaient.

2. Impression d'être un poids pour sa famille

On peut croire que l'on a été un fardeau pour ses parents et que, si l'on avait été plus intelligent, en meilleure santé ou plus obéissant, ceux-ci auraient été plus heureux. Si l'on a été un enfant très énergique et turbulent, on peut penser avoir accablé sa mère qui préférait la paix. On aurait aimé ressembler à son frère qui, lui, était un enfant calme et plus aimable aux yeux de sa mère.

Il est important de comprendre que la personnalité et le caractère sont d'ordre génétique et que l'on n'est aucunement fautif, même si nos parents nous ont trouvé difficile à éduquer. Si nos parents ont divorcé, ce n'est nullement notre faute non plus ; c'est malheureusement ce que croit un enfant du divorce sur trois en moyenne.

3. Impression qu'on a été le préféré de la famille

Dans cette situation, on s'accuse d'avoir été le préféré de ses parents. On est persuadé qu'en recevant l'amour de ses parents, ses frères et sœurs ont été négligés. On peut avoir l'impression d'avoir dérobé de l'amour si l'un de ses parents semblait nous aimer plus que son conjoint. Dans une situation pareille, la culpabilité vécue sera élevée, car elle est liée au plaisir.

4. Sentiment d'être fondamentalement mauvais

Certains parents s'attendent à ce que leur enfant soit irréprochable et parfait, avant même qu'il n'ait atteint l'âge adulte. Un jeune enfant qui casse un verre et qui se fait dire qu'il est méchant alors qu'il est simplement malhabile croira à tort qu'il est réellement méchant. Lorsque de telles remarques dévalorisantes sont réitérées durant des années, l'enfant arrive à la conclusion qu'il est foncièrement mauvais. Plus un enfant est négligé sur le plan affectif, maltraité physiquement ou agressé sexuellement, plus il est persuadé qu'il n'est pas aimé parce qu'il est indigne de l'être. Cette croyance, qui est fondamentalement mauvaise, n'est pas simplement transmise par les parents, mais peut l'être par des membres de l'entourage tel que les enseignants, les autres membres de la famille de même que la société en général.

5. Culpabilité de réussir mieux qu'un de ses proches

Par exemple, si l'on est heureux alors que notre mère est dépressive, si l'on est séduisante alors notre sœur n'a aucun succès auprès des hommes, si l'on accède à un poste supérieur alors que notre père était un ouvrier, cela devient un crime fictif. Ce crime se fonde sur deux croyances erronées :

- Si je profite des bienfaits de l'existence, cela signifie que je les prends tous, sans en laisser à ma famille.
- Si j'atteins mes buts, mes proches risquent de se sentir rabaissés et par conséquent humiliés.

Le sentiment de culpabilité dépend beaucoup de la réaction de nos parents devant notre réussite. S'ils en sont jaloux ou si leur vie est une suite d'insuccès, nous penserons que c'est notre faute et nous détruirons notre propre vie.

6. Culpabilité d'avoir abandonné ses parents

En devenant autonome, en ayant ses propres idées, croyances et convictions, et en se séparant de ses parents physiquement et émotionnellement, la culpabilité peut se faire sentir. Certains parents, en se plaignant et en jouant à la victime, essaient de faire croire à leur enfant qui a acquis un peu d'indépendance qu'il fait preuve de méchanceté. Ils sous-entendent que ce dernier devrait prendre soin d'eux et ne devrait pas les quitter. Avec de tels parents, on peut se sentir excessivement coupable et se punir en bousillant sa vie pour racheter ce présumé crime d'avoir délaissé ses parents.

Cas vécu 4

Brigitte, qui est vétérinaire, se reproche entre autres choses :

- *d'avoir mieux réussi, professionnellement, que sa mère qui était femme de ménage;*
- *d'avoir délaissé sa famille pour étudier en dehors de sa ville natale;*
- *d'avoir été un poids pour sa mère;*
- *de s'être accaparé l'amour de son père qui la préférait à son jeune frère moins talentueux.*

On doit comprendre que le processus qui permet de prendre conscience de ces culpabilités non fondées et jusqu'alors inconscientes peut demander du temps. Ce n'est qu'en comprenant peu à peu ce qui nous est arrivé étant enfant qu'il nous sera possible de comprendre les crimes fictifs dont on s'accuse soi-même et, par conséquent, de s'en acquitter.

Plus l'emprise de nos sentiments de culpabilité s'estompera, plus les comportements d'échec, de sabotage du succès, d'autopunition et d'inaptitude au bonheur diminueront.

Recherche de liens sur véhicule
www.emergis.com

Chapitre 6

La colère

D'où provient la colère ? Depuis le début de cet ouvrage, nous avons compris que nos idées engendrent nos émotions, et la colère n'échappe pas à cette règle. Des idées à propos d'une personne de notre entourage qui n'aurait pas dû agir de telle ou telle façon, qui n'avait pas le droit de faire ceci ou cela ou qui aurait dû agir autrement mènent à ressentir de la colère envers cet individu. Plus ces pensées s'incrustent, plus la colère irradie en soi.

Certains diront : « D'accord, mais ça fait du bien d'être en colère. Piquer occasionnellement une bonne colère, c'est sain, ça libère, et après on se sent mieux. » Effectivement, il vaut mieux extérioriser sa colère, mais il convient aussi de le faire dans un environnement contrôlé, ce qui, avouons-le, est rarement le cas. À la rigueur, cela peut faire du bien, plutôt que de se laisser empoisonner l'existence. Si, parce que l'on est fâché, on décide de donner un coup de poing dans un *punching bag* pour sortir le trop-plein de colère, oui, cela peut faire du bien. Mais extérioriser sa colère en frappant dans un mur ou sur le nez de quelqu'un n'est sûrement pas un comportement approprié. À tout le moins, cela peut nous faire subir des conséquences indésirables.

Lorsque la colère est exprimée dans un environnement contrôlé, que ce soit en frappant dans un oreiller, dans un *punching bag* ou en criant, seul, pour évacuer l'excès de tension, cela peut devenir libérateur chez certains. Mais lorsque cette colère s'exprime devant les enfants, auprès du conjoint ou d'un ami, il faut se demander si les conséquences de l'extériorisation de notre colère seront néfastes. Évidemment, la réponse est souvent oui !

Faisons une précision très importante. On aura parfois l'impression d'être en colère en constatant divers événements ou situations, par exemple sur le plan de la politique internationale. Certains diront : « Je trouve cela révoltant, la guerre en Irak... ou de voir le gouvernement agir de telle ou telle façon... » Il convient ici de faire une distinction entre la colère et la révolte. Nous aborderons d'ailleurs l'émotion de la révolte dans un chapitre ultérieur.

Il faut retenir que la colère ne s'exprime qu'envers une personne, contre un individu et non un événement. En vous reportant aux tableaux de la section *Des idées aux émotions,* vous trouverez des phrases comme celles-ci : « Je pense que cette personne-là n'avait pas le droit d'agir comme elle l'a fait, elle n'était pas correcte d'agir ainsi » ou « Pour qui se prend-t-il ? Il n'aurait pas dû faire ça, c'est sa faute. »

La colère est toujours dirigée vers autrui, contrairement à la révolte qui relève plutôt d'un événement. « Je suis révolté par rapport à la guerre », « Je suis révolté parce que je paie trop de d'impôts et de taxes », « Je suis révolté parce qu'il a des nids-de-poule dans la chaussée. » La distinction est importante ; les idées qui mènent à la révolte ne sont pas les mêmes que celles qui mènent à la colère.

Cas vécu 1

Prenons le cas de Mireille. Elle avait beaucoup de problèmes avec sa belle-mère qui, selon elle, essayait de contrôler sa vie, son mari et évidemment la façon dont elle élevait ses enfants. Mireille revenait constamment sur le fait que sa belle-mère ne devrait pas essayer de s'ingérer dans leur vie, ne devrait pas lui dire quoi faire, n'aurait pas dû agir de telle façon au cours d'un souper qui avait eu lieu récemment. Vous imaginez bien que Mireille éprouvait une grande colère envers sa belle-mère. Et parce qu'elle ressentait de plus en plus de colère, elle avait de moins en moins envie de la fréquenter et de moins en moins envie d'entendre parler d'elle.

La belle-mère était souvent un sujet de conflit entre elle et son mari. Ce dernier lui disait : « Écoute, c'est ma mère. On n'a pas vraiment le choix. Je n'ai pas envie d'arrêter de la fréquenter, tu as

donc intérêt à l'accepter. C'est ça, la réalité. » Pour Mireille, il était
excessivement difficile de passer par-dessus le fait que sa belle-mère,
selon la perception qu'elle en avait, essayait de contrôler sa vie.

Pour commencer à travailler ses idées, Mireille a dû coucher
sur papier, en se servant de l'outil de confrontation, toutes les idées
qui lui venaient en tête. À la suite de certains événements survenus
entre elle et sa belle-mère, elle a inscrit les phrases qui lui étaient
venues à l'esprit.

Un jour, elle est arrivée en disant : « En fin de semaine, on est
allés souper chez ma belle-mère. Là, elle a commencé à me dire
que je devrais être plus sévère avec ma fille, lui imposer plus de
limites », etc. Mireille était en furie. Elle avait cependant fait l'exercice de répertorier ses idées avant notre rencontre. Évidemment,
on y trouvait des phrases comme celles-ci : « Elle devrait se mêler
de ses affaires, elle n'a pas à s'ingérer dans ma façon d'éduquer
ma fille, pour qui se prend-elle ? »

Nous avons analysé les idées de Mireille une à une. Elle
éprouvait beaucoup de colère et, lorsque sa belle-mère se mêlait
de ce qu'elle considérait comme son champ de compétences, elle
n'était plus capable de lui parler calmement. Ainsi, lors du fameux
souper, elle s'était levée en plein milieu du repas et lui avait lancé :
« Là, ça va faire ! Je suis plus capable de vous entendre... » Puis
elle était partie en claquant la porte et en laissant son mari et sa
fille en plan. Évidemment, elle était partie avec toutes ses émotions
sous le bras et en ressentant un malaise évident.

Plus elle se disait que sa belle-mère n'aurait pas dû ou ne devrait
pas agir de la sorte, plus la colère montait. Rien qu'à repenser à
la situation, sa colère remontait à une intensité de 10 sur 10 sur
l'échelle des émotions.

Il fallait commencer par examiner les idées de Mireille pour
voir si, réellement, sa belle-mère n'avait pas le droit d'agir comme
elle le faisait, si elle n'avait pas le droit de la conseiller. Il a d'abord
fallu déterminer les motivations de la belle-mère. En utilisant le
formulaire de confrontation pour questionner ses idées, Mireille
a été placée devant des questions comme celles-ci : « Y a-t-il une
loi qui interdit à ma belle-mère de me donner des conseils ? » Bien
sûr que non. Et même s'il en existait une, on s'entend pour dire

que, dans la société actuelle, beaucoup de lois sont transgressées. On n'a pas le droit de passer sur un feu rouge, pourtant, certains le font. On n'a pas le droit de frauder le fisc, certains le font. Une multitude de lois sont transgressées, tout simplement parce que ce sont des lois conçues par des êtres humains.

Évidemment, il n'y a pas de loi qui interdise à sa belle-mère d'intervenir. Toutefois, plus sa belle-mère s'interposait, plus les pensées de Mireille étaient orientées vers la colère et plus celle-ci augmentait. Mireille sentait la colère bouillir en elle et n'arrivait plus à parler calmement à sa belle-mère, elle n'arrivait plus à trouver les mots justes pour lui expliquer sa position.

À partir du moment où l'on a commencé à répertorier ses idées et à lui faire prendre conscience que sa belle-mère avait parfaitement le droit de la conseiller, peu importe si cela ne lui plaisait pas, Mireille a pu comprendre que même si ce n'était pas agréable de se faire dire constamment quoi faire, elle n'avait pas avantage à se mettre en colère. Il lui fallait agir d'une autre manière pour faire comprendre son point de vue à sa belle-mère.

Dès le moment où Mireille a pu diminuer l'intensité de sa colère, elle a été capable de discuter avec sa belle-mère. Sa colère est descendue à une intensité d'environ 4 sur 10 et, de ce fait, elle a pu trouver les mots qu'il fallait pour exprimer ses sentiments. « Écoutez, je comprends que vous le faites sûrement pour m'aider et que vous n'êtes pas mal intentionnée, vous le faites pour mon bien et pour le bien de ma fille, et ça je le comprends. Mais voyez-vous, lorsque vous me donnez ces conseils, lorsque vous agissez de la sorte, ça me fait quelque chose, ça m'indispose. Dans ce contexte, pouvons-nous trouver un terrain d'entente ? »

Bref, les deux femmes en sont venues à avoir une discussion qui n'était plus teintée d'hostilité ni de colère. Il s'agissait cette fois d'une discussion entre adultes, où chacune a pu donner son point de vue sans se mettre en colère.

Certains feront remarquer : « Oui, mais parfois ça ne fonctionne pas avec la personne avec qui j'ai essayé. Je lui ai parlé gentiment, pour lui exprimer ce que je ressentais, et ça n'a pas donné de résultats. J'ai essayé par tous les moyens de lui faire entendre raison, mais rien n'y fait! Donc, inévitablement, je me mets en colère, je me fâche et je me mets à crier parce que j'ai tout essayé. »

Effectivement, il existe des gens avec qui c'est plus difficile, à qui l'on a plus de difficulté à faire entendre raison mais, encore une fois, tout est une question de perception. De votre côté, vous pouvez penser que cette personne n'est pas correcte, qu'elle « n'a pas d'allure », alors qu'elle-même se trouve tout à fait correcte d'agir comme elle le fait. C'est une question de perception pour l'un comme pour l'autre.

Vous trouverez sans doute sur votre chemin des personnes avec qui rien ne marche, même en prononçant les mots justes. Il faut néanmoins se poser les questions suivantes : « À qui fais-je le plus mal lorsque je suis en colère? Suis-je bien, lorsque je suis en colère? »

Rarement, ai-je vu des gens me dire : « Moi, j'aime être en colère... » Encore une fois, précisons qu'il y a une différence entre extérioriser momentanément sa colère et s'inventer constamment des scénarios qui mènent à la colère. Plus on alimente ces idées négatives, plus la colère s'installe, et on doit reconnaître qu'il est faux de prétendre que l'on est bien dans un tel état.

À un moment donné, on a intérêt à travailler l'acceptation. On n'est pas obligé d'être d'accord avec la façon dont telle ou telle personne agit ou pense, on n'est pas obligé de croire que c'est correct, mais si, à un moment ou à un autre, on a essayé de lui parler et que rien ne change, il ne nous reste qu'à accepter la situation. D'aucuns diront : « Oui, mais certaines choses sont carrément inacceptables. » Et ils ont totalement raison. Voyons l'exemple qui suit.

Cas vécu 2

Françoise était battue par son mari et elle me disait : « C'est bien beau, mais en ce moment, j'ai l'impression que tu me dis que je devrais accepter d'être battue. »

De telles phrases font prendre conscience qu'il faut faire attention à la façon d'interpréter le terme « acceptation ». Jamais il ne faut accepter l'inacceptable, comme de se faire battre par son conjoint ou de se faire injurier. Mais à partir du moment où l'on est en mesure de gérer sa colère, d'en diminuer l'intensité, on devient apte à prendre des décisions et à entreprendre des actions plus appropriées.

Françoise disait aussi que, par moments, elle avait des idées très noires : « Mon Dieu, si cet homme-là pouvait ne plus être dans ma vie... » Elle avait même pensé supprimer la vie de son mari. Plus elle était en colère, plus ces idées morbides jaillissaient. En agissant de la sorte, Françoise pensait-elle réellement pouvoir régler ses problèmes ? Son mari cesserait de la battre, puisqu'il serait mort, mais qu'adviendrait-il d'elle ? Il y avait de fortes chances que ce soit la prison qui l'attende. Était-elle prête à subir ces conséquences ? Est-ce que ça en valait la peine ? Était-ce la seule issue à son problème ?

En diminuant l'intensité de sa colère, Françoise devenait en mesure de voir clair dans sa situation et, de ce fait, elle pouvait entreprendre les actions appropriées afin de s'en sortir. Ainsi, dans le cas de Françoise, vivre de l'acceptation ne signifiait pas d'être d'accord pour que son mari la batte, d'acquiescer aux gestes de violence commis envers elle, mais plutôt de diminuer l'intensité de sa colère pour lui permettre de se dire : « C'est fini maintenant, je ne veux plus vivre cela, je m'en vais. Je vais tenter de trouver des solutions pour assurer ma protection. Je n'ai aucun avantage à commettre un acte irréparable qui me causerait d'autres problèmes. »

Il est important de retenir que l'acceptation ne veut pas dire d'être d'accord avec les gestes qui sont commis par les autres.

Cas vécu 3

Au cours d'une de mes interventions en centre communautaire, Samuel est venu témoigner de son expérience. Alors qu'il était sorti en ville, il s'était fait frapper par une voiture. Le conducteur était une de ses connaissances. Après l'accident, il y a eu tout un

attroupement autour de la scène, plusieurs de ses amis étaient
présents. Le conducteur, lui, avait fui les lieux.

Comme vous pouvez l'imaginer, un puissant sentiment de colère
s'est manifesté au sein de ce groupe d'amis. Le climat de colère
était très présent au centre communautaire, car l'accident était
survenu quelques jours à peine avant que j'y donne cet atelier sur
la gestion des émotions.

L'esprit de vengeance était palpable chez plusieurs de ces jeunes.
Ils voulaient faire un mauvais parti au conducteur fautif. En s'en
prenant ainsi au fuyard, ils risquaient de se causer à eux-mêmes
d'énormes torts. En discutant, nous avons réussi à désamorcer
la situation en leur faisant prendre conscience des conséquences
qu'ils allaient s'attirer en se faisant justice eux-mêmes. Je leur ai
demandé s'ils pensaient que le fait de battre le conducteur fautif,
de le blesser à son tour, allait régler les choses. Cela allait-il guérir
Samuel plus vite? Cela l'aiderait-il à recouvrer la santé? Non,
furent-ils obligés de reconnaître.

En entretenant un esprit de vengeance, il peut arriver que nous
passions à l'action. Décider de rendre la pareille à la personne qui
nous a causé du tort ne risque-t-il pas de nous attirer des ennuis
graves à nous aussi?

J'ai expliqué à ces jeunes que jamais ils n'auraient à être d'accord
avec ce qui s'était passé, c'était parfaitement compréhensible, mais
qu'ils avaient tout intérêt à tenter d'accepter la situation, à trouver
des solutions pour éviter que de tels accidents se reproduisent et
à consacrer leur énergie à aider leur ami.

Il leur fallait cesser d'épuiser leurs forces à entretenir une
colère malsaine et plutôt orienter toute leur énergie pour soutenir
et encourager Samuel, qui était blessé. Voilà une action qui se
révélerait beaucoup plus constructive.

En vivant de la colère à une intensité élevée, on risque fort de
commettre des actes répréhensibles qui peuvent avoir des réper-
cussions auxquelles nous ne sommes pas prêts à faire face ou
auxquelles on ne veut pas faire face. En plus d'avoir à subir les
conséquences de ses gestes, il faudra aussi vivre avec le sentiment
de ne pas avoir réglé le problème pour autant et, surtout, de ne
pas avoir aidé la victime.

Cas vécu 4

Prenons le cas de Danielle. Elle disait : « J'ai tellement de difficulté à gérer ma colère que je dis des choses qui dépassent ma pensée. Je peux crier après mon conjoint, l'injurier et aller jusqu'à lui dire des choses qui, dans le fond, ne reflètent pas du tout ce que je pense. Sous l'effet de la colère, je dis des choses que je regrette par la suite. »

En plus d'être minée par la colère, Danielle éprouvait un immense sentiment de culpabilité. Imaginez l'état dans lequel elle se trouvait par la suite. À petit feu, elle était en train de détériorer sa relation avec son conjoint, parce que chaque fois que la colère l'emportait, elle tenait des propos qui n'auraient jamais dû franchir le seuil de ses lèvres. Même si elle s'excusait par la suite, de telles paroles blessantes pouvaient rester dans la tête de son conjoint. À la longue, celui-ci aurait pu l'envoyer au diable : « Je n'ai plus envie de vivre ça, je n'ai plus envie que tu dépasses les bornes et qu'après tu t'excuses en pleurant ! »

Danielle a donc entrepris de travailler ses idées, notamment celles-ci : « Mon conjoint devrait m'aider plus dans la maison », « Mon conjoint devrait me soutenir moralement », « Mon conjoint devrait comprendre quand je suis fatiguée. »

En fait, tout ce qu'elle voulait, c'était que son conjoint la comprenne et qu'il l'aide un peu plus. C'était seulement des préférences. Tant et aussi longtemps que Danielle formulait ses désirs comme étant des exigences, en disant « Je veux qu'il agisse ainsi, qu'il fasse comme ceci ou comme cela », elle risquait de vivre d'énormes frustrations qui engendreraient à leur tour de la colère. Elle risquait également la déception, tout simplement parce qu'elle s'exprimait en termes d'exigences et non de préférences.

À partir du moment où Danielle a été capable de s'exprimer autrement : « Je préférerais être soutenue ; je préférerais que mon conjoint m'aide un peu plus dans la maison », le niveau de sa colère a diminué. Dorénavant, elle était capable de formuler de façon plus appropriée ce qu'elle tenait à dire à son conjoint.

En diminuant les risques d'éprouver de la colère, elle diminuait d'autant celui de ressentir ensuite de la culpabilité.

Ainsi, toutes les fois que vous vous dites : « J'en veux à mon patron parce qu'il ne devrait pas me parler comme ça, ou agir comme ça », « J'en veux à mon conjoint parce que je pense qu'il devrait agir de telle façon », « Mon fils ne devrait pas quitter l'école » « Mon ami devrait m'appeler plus souvent », « Mes parents devraient mieux me soutenir », vous laissez la colère monter insidieusement en vous. Plus vous vous répétez ces paroles, plus vous entretenez ces idées, et plus vous vivez de la colère à une intensité élevée. Dès lors, il devient important de se poser les bonnes questions : « Dans la réalité, y a-t-il quelque chose qui interdise à cette personne d'agir comme elle le fait ? »

Par exemple : « Y a-t-il une loi qui interdise à mon fils de quitter l'école à 18 ans ? » Même si vous souhaitez qu'il continue ses études, même si vous pensez que ce serait préférable pour lui, il n'existe aucune loi qui l'empêche d'arrêter après 16 ans.

Tant et aussi longtemps que vous êtes en colère, que vous criez après lui et que, ce faisant, vous essayez de le convaincre de rester à l'école, il y a peu de chances que vous atteigniez votre but. Par contre, en réussissant à diminuer l'intensité de votre colère, de manière à avoir une discussion sérieuse et franche avec lui pour lui exposer votre point de vue, même si vous ne détenez pas la vérité absolue, vous êtes sur une meilleure voie. Il y a de fortes chances que vous parveniez à établir un climat propice à une discussion constructive et à exprimer votre opinion de manière plus adéquate.

Quand on vit de la colère, c'est souvent parce que l'on croit détenir la vérité. Il ne faut pas perdre de vue que tout est relatif, tout est une question de perception.

Ce n'est pas parce que votre fils veut quitter l'école à 18 ans qu'il ne devrait pas le faire. Il a peut-être de bonnes raisons pour interrompre ses études. Vous n'avez pas à lui imposer vos idées, vous ne détenez pas la vérité. J'entends déjà certains s'exclamer : « Oui, je détiens la vérité, je suis sa mère (ou son père) et je sais ce qui est bon pour lui. De plus, je sais par expérience qu'il est important d'étudier si l'on veut faire quelque chose de sa vie. »

Même si vous croyez qu'il serait souhaitable qu'il poursuive ses études, vous ne pouvez forcer votre enfant à agir selon vos désirs. À partir du moment où vous prenez conscience de cela, vous pouvez remettre vos idées en question.

J'en conviens, ce n'est pas toujours facile de changer notre façon de voir une situation. Souvent, nos valeurs et notre éducation nous dictent la ligne de conduite que nous devrions adopter et nous souhaiterions voir nos enfants suivre la même voie. Il faut toutefois prendre conscience que nos enfants ont leurs propres choix à faire, même si ceux-ci vont à l'encontre de nos aspirations pour eux.

Refouler sa colère

On sait tous ce qu'est la colère, on l'a tous expérimentée à différents degrés. La colère est perçue comme une émotion négative, et certains ont appris à la réprimer. On sait aussi que c'est une émotion typiquement humaine tout à fait naturelle. Par contre, beaucoup de personnes refoulent leur colère au-delà de ce qu'il est possible de supporter. Bien souvent, lorsque la colère est trop refoulée, elle finit par exploser un jour ou l'autre, ce qui n'est pas forcément mieux que de la laisser s'exprimer de temps à autre.

Que signifie refouler sa colère? On entend par là de taire cette émotion, de la garder en nous, de l'écraser. Toutefois, plus on la réprime, plus elle prend de l'expansion. On a vu, au début de ce chapitre, qu'extérioriser notre colère dans un environnement contrôlé peut être sain, cela peut même être d'une grande utilité. Cependant, si cette colère devient hors de contrôle, elle peut être destructive et entraîner de nombreux problèmes dans notre environ-nement de travail et dans nos relations. Elle en vient inévitablement à nuire à notre qualité de vie. La gestion efficace de l'intensité de la colère est donc primordiale.

Lorsqu'on se met en colère, c'est souvent parce qu'on constate qu'il y a un obstacle à notre satisfaction, à nos désirs ou à nos besoins. Lorsque nos désirs ou nos besoins ne sont pas comblés, un sentiment de frustration s'installe rapidement, et c'est ainsi que l'on ressent et que l'on alimente des idées qui font en sorte que s'accroît la colère.

La colère est-elle d'origine génétique ?

Vous avez peut-être constaté que certaines personnes sont plus enclines que d'autres à se mettre en colère. Ces personnes n'ont pas appris à s'exprimer avec des mots ; elles ont appris à tout garder en dedans ou encore à verbaliser de façon impulsive et inadéquate, ce qui les rend plus vulnérables. Les personnes colériques auront généralement un faible seuil de tolérance à la frustration. Elles sont parfois portées à entretenir des attentes très élevées envers elle-même et envers les autres. Mais qu'est-ce qui les rend donc ainsi ?

On pourrait penser à des causes d'ordre génétique, certains individus étant prédisposés, dès la naissance, à se mettre en colère. On en constate même les effets chez certains bébés, qui sont plus irritables. Pour ces personnes, il est d'autant plus important d'apprendre à mieux gérer leurs idées. La première étape consiste à prendre conscience du problème.

À partir du moment où l'on prend conscience de sa colère, que l'on comprend que c'est une émotion avec laquelle on peut entrer facilement en contact, on est capable de commencer à travailler ses idées. Là où tout se complique, c'est lorsque, au contact de la colère, on commence à échafauder des idées de plus en plus négatives. On remarque alors une escalade dans l'intensité de l'émotion. Lorsqu'on éprouve une colère de 10 sur 10, sur l'échelle de l'intensité des émotions, il devient très difficile de rationaliser et de remettre ses idées en question.

Il faut que cet exercice se fasse dès l'apparition des idées négatives. Dès le moment où l'on sent la colère monter en soi, on a tout intérêt à écouter son discours intérieur et à remettre en question les idées qui émergent en soi. Lorsqu'on remet ces idées en cause dès le début, il est possible d'éviter l'escalade qui mènerait à des degrés de colère très élevés.

Une gestion appropriée de la colère est étroitement liée à l'attitude qui consiste à se responsabiliser. Lorsque, au contraire, on croit les autres ou la vie elle-même responsables d'assurer son bien-être, on est forcément porté à les blâmer pour nos propres insatisfactions.

Il est donc erroné de dire que la colère est «mauvaise conseillère» ou encore qu'elle suscite l'emportement. Ce sont plutôt les blocages dans le processus émotionnel ou la mauvaise attribution des responsabilités qui expliquent la colère que l'on peut ressentir.

Voici maintenant quelques conseils afin de vous aider à gérer votre colère.

1. Apprenez à reconnaître les signes de la colère dès qu'ils commencent à se manifester. Comment vous sentez-vous? Que vous dites-vous, intérieurement?

2. Rappelez-vous que vous ne pouvez pas changer les autres, vous n'avez de pouvoir que sur vous-même.

3. Mettez par écrit quelques situations où vous avez perdu votre calme.

_____

_____

_____

_____

_____

_____

4. Avez-vous constaté que des événements en particulier vous fournissent des occasions de ressentir davantage de colère? Si oui, prenez le temps d'y réfléchir maintenant, à tête reposée, pour voir comment vous pourriez réagir différemment quand la situation se présentera de nouveau.

5. Remettez en question vos idées irréalistes à l'aide du formulaire de confrontation.

L'ancien président des États-Unis Thomas Jefferson a donné un jour à quelqu'un le conseil suivant : «Quand tu es en colère, compte jusqu'à 10 avant de parler. Si tu es très en colère, compte jusqu'à 100.»

La colère n'est pas une force inexplicable et invincible sur laquelle nous ne détenons aucun pouvoir. S'il est parfois ardu de ne pas ressentir d'irritation ou même de la véritable colère, nous avons le pouvoir de décider de nos réactions et de nos comportements. Nous sommes les seuls responsables de nos actions.

Comment réagir à la colère des autres ?

1. Ne soyez pas troublé lorsque quelqu'un est en colère contre vous. Ce n'est pas agréable, mais ce n'est pas non plus la fin du monde. Vous avez la capacité d'y faire face de manière appropriée.

2. Ne modifiez pas constamment votre comportement ou vos attitudes pour ne pas déranger les autres ou pour leur plaire. Quoi que vous fassiez, il est toujours possible que quelqu'un se fâche contre vous, même si vous avez agi correctement, selon votre perception. Si cela arrive et que cette personne s'énerve, c'est son problème, pas le vôtre.

3. Portez une attention particulière à la manière dont vous répondez aux manifestations de colère des autres. Ignorez-les lorsqu'ils vous crient à la figure, mais soyez attentif lorsqu'ils vous parlent raisonnablement.

4. Ne soyez pas déconcerté. Prenez la parole et dites : « S'il te plaît, parle-moi calmement. »

5. Tentez de rester calme. Ce n'est pas parce que quelqu'un est en colère contre vous que vous devez répondre avec agressivité. Prononcez des paroles telles que : « Je suis désolé que ça n'aille pas. Puis-je faire quelque chose ? »

6. Quand l'accusation portée contre vous contient une part de vérité, admettez vos torts. Ne mentez pas pour vous disculper. Vous n'êtes pas obligé d'avoir tout le temps raison. Vous pouvez dire : « C'est vrai. J'ai eu tort. Je suis désolé. »

Il peut arriver que la colère dirigée contre vous ne vous concerne en rien. Vous pouvez simplement être devenu une cible à la suite de frustrations et de problèmes de quelqu'un. Apprenez à reconnaître ce genre de situation et n'acceptez pas de prendre comme une attaque personnelle n'importe quelle colère déversée sur vous. Ne perdez pas de vue que la colère de l'autre ne vous appartient pas.

En terminant ce chapitre, voici deux citations et une petite histoire auxquelles vous pourrez réfléchir.

> « Quand la colère monte, pense aux conséquences. »
>
> CONFUCIUS
>
> « Combien plus graves sont les conséquences de la colère que ses causes. »
>
> MARC AURÈLE

Une anecdote

C'est l'histoire de Cédric, un petit garçon de huit ans qui avait mauvais caractère. Son père lui donna un sac de clous et lui dit que chaque fois qu'il perdrait patience, il devrait planter un clou dans la clôture. Le premier jour, Cédric planta 37 clous dans la clôture. Les semaines qui suivirent, à mesure qu'il apprenait à contrôler son humeur, il plantait de moins en moins de clous. Il découvrit qu'il était plus facile de contrôler son humeur que d'aller planter des clous dans la clôture...

Le jour vint où il contrôla son humeur toute la journée. Après en avoir informé son père, celui-ci lui suggéra de retirer un clou chaque jour où il contrôlerait son humeur. Les jours passèrent et le jeune homme put finalement annoncer à son père qu'il ne restait plus aucun clou à retirer. Son père le prit par la main et l'emmena à la clôture. Il lui dit : « Tu as travaillé fort, mon fils, mais regarde tous ces trous dans la clôture. Elle ne sera plus jamais la même. Chaque fois que tu perds patience, cela laisse des cicatrices exactement comme celles-ci. Tu peux enfoncer un couteau dans le cœur d'un homme et l'en retirer, peu importe combien de fois tu lui diras que tu es désolé, la cicatrice demeurera pour toujours. Une offense verbale est aussi néfaste qu'une offense physique. »

Notre famille, nos enfants et nos amis sont des joyaux précieux. Ils nous font rire et nous encouragent à réussir. Ils nous prêtent une oreille attentive, nous louangent et sont toujours prêts à nous ouvrir leur cœur. Pourquoi alors les blesser à jamais ?

ANONYME

Dans ce chapitre, vous avez appris que nous avons avantage à formuler nos désirs sous forme de préférences plutôt que d'exigences. Prenez maintenant quelques minutes afin de répertorier vos désirs, ceux que vous avez toujours jugés ESSENTIELS à votre bonheur.

Outil d'intégration 4
Besoins essentiels à mon bonheur

Faites l'inventaire des besoins que vous avez définis comme étant essentiels à votre bonheur.

Exemples :

J'ai absolument besoin d'être apprécié au travail.

J'ai absolument besoin que mes enfants m'aiment.

J'ai absolument besoin de l'amour absolu et total de mon conjoint.

_____

_____

_____

_____

_____

_____

_____

_____

_____

_____

Transformez ces exigences en préférences.

Exemples :

Je préférerais être apprécié au travail.
Il serait souhaitable que mes enfants m'aiment.
Je préférerais que mon conjoint m'aime.

_____

_____

_____

_____

_____

_____

_____

_____

_____

_____

_____

_____

_____

> Lorsque j'exige quelque chose et que je perçois cette chose comme étant indispensable à mon bonheur, si je ne l'obtiens pas totalement ou comme je l'exige, je fais face à un besoin absolu qui est non comblé. Tout besoin absolu non comblé devient une source d'insatisfaction et d'émotions désagréables.

Chapitre 7

La tristesse

Voici une émotion qui nous envahit lorsqu'on a des idées telles que : « Ce qui m'arrive ou m'est arrivé est une mauvaise affaire pour moi, c'est dommage, c'est désavantageux ce qui m'arrive, c'est triste... » Évidemment, plus ces idées circulent dans nos pensées, plus le sentiment de tristesse augmente en nous. Alors que si l'on prend l'habitude de se dire : « Comment puis-je prouver hors de tout doute que ce qui m'est arrivé est réellement une mauvaise affaire pour moi ? », on peut dès lors commencer à voir la lumière au bout du tunnel. Lorsqu'on se pose les bonnes questions, cela permet d'obtenir de meilleures réponses. Je m'explique.

Cas vécu 1

Monique venait de perdre son emploi et disait en éprouver une grande tristesse. Chez elle cohabitaient plusieurs émotions, entre autres le découragement, mais la tristesse était la plus présente. Monique disait : « C'est une mauvaise chose pour moi, j'aimais mon travail, j'avais du plaisir avec mes collègues, mais l'entreprise pour laquelle je travaillais a fermé ses portes. C'est tellement triste, ce qui m'arrive. »

On connaît tous le diction *Le temps arrange les choses*. Il est plus ou moins vrai, dans la mesure où, si l'on continue à entretenir des idées qui alimentent la tristesse, le temps n'arrangera pas forcément les choses.

Évidemment, Monique ne pouvait rien changer à la situation ; peu importe ce qu'elle disait, l'entreprise où elle travaillait fermait ses portes. Cependant, elle pouvait agir sur ses émotions en se demandant : « Comment être certaine que ce qui m'arrive est une mauvaise chose pour moi ? Comment être sûre que dans l'avenir, dans les semaines ou dans les mois suivants, je ne trouverai pas un autre emploi encore plus intéressant, plus valorisant qui m'amènera à penser "Mon Dieu, finalement ce qui m'est arrivé était une bonne chose" ? »

Vous allez me dire : « C'est très facile après coup de dire ça… » Toutefois, repensez au nombre de fois où il vous est arrivé dans votre vie des choses désagréables, des situations ou des événements fâcheux. Vous avez peut-être entretenu votre tristesse en vous disant : « Misère, c'est une mauvaise chose, ce qui m'arrive », pour vous rendre compte après coup, avec le temps, que ce supposé malheur avait en fait débouché sur quelque chose de positif. Dès lors, vous avez sûrement pensé : « Finalement, ce n'était pas une si mauvaise chose que ça, au contraire. »

Exemple

Prenons un exemple plus concret. Dans les médias, on annonçait récemment l'écrasement d'un avion qui n'a laissé aucune chance de survie aux passagers. Un jeune homme d'affaires nommé Peter devait prendre ce vol pour se rendre à un important rendez-vous professionnel. Imaginez sa réaction, en arrivant à l'aéroport, lorsqu'il a constaté qu'il avait manqué son vol. Sur le coup, il s'est dit que c'était une bien mauvaise affaire pour lui.

Il a été fascinant d'entendre les propos de cette personne le lendemain de l'accident dans lequel tous les passagers sont morts : « Mon Dieu, j'ai manqué mon avion, j'étais dans tous mes états et, finalement, c'est la meilleure chose qui pouvait m'arriver ! » Après coup, Peter constatait que ce vol raté avait été non seulement une bonne affaire pour lui, mais que cela lui avait sauvé la vie.

Vous me direz que c'est un exemple un peu extrême et assez rare mais on a sans doute tous eu l'occasion d'expérimenter ce genre de situation soi-même. Sur le coup, lorsqu'un événement fâcheux se produit, on se sent triste, on se dit que c'est vraiment malheureux qu'un tel incident survienne. Puis, avec le temps, on comprend que ce n'était peut-être pas une si mauvaise affaire et que, si l'événement fâcheux ne s'était pas produit, on n'aurait pas connu cette nouvelle situation si intéressante pour soi ou pu emprunter cette nouvelle avenue si profitable.

Dans le cas d'une rupture amoureuse, d'une perte d'emploi ou même d'un accident ou d'une maladie, on constate parfois après coup que ce qui est arrivé a finalement tourné à son avantage.

J'ai eu récemment l'occasion de rencontrer un homme qui avait réussi à vaincre un cancer. À ma grande surprise, il m'a raconté que ce qui lui était arrivé était une bonne chose pour lui, car cette maladie lui avait permis de prendre conscience qu'il avait beaucoup négligé les membres de sa famille au fil des ans, au profit de son travail. La maladie lui avait fait comprendre à quel point sa famille était primordiale pour lui et il souhaitait dorénavant passer plus de temps avec elle. Il m'a dit le plus sérieusement du monde : « Sans cet événement, je n'aurais sûrement jamais fait cette prise de conscience. Dieu merci, ça m'est arrivé ! »

Cas vécu 2

Prenons le cas de Muriel. Elle a été congédiée alors qu'elle adorait son emploi. Pas besoin de vous dire qu'elle était excessivement triste. En fait, elle ressentait une multitude d'émotions, de la tristesse, de la dévalorisation, du découragement... Toutefois, après le choc initial, elle a compris que ce congédiement l'avait forcée à se recycler, à retourner aux études pour finalement décrocher un bien meilleur emploi. Avec le recul, Muriel a admis que cette mise à pied avait sûrement été la meilleure chose qui pouvait lui arriver, mais, sur le coup, elle avait pris cela comme une trahison et avait ressenti beaucoup de tristesse et de déception.

Lorsqu'on vit de la tristesse, il est souhaitable de se poser certaines questions telles que : « Puis-je démontrer avec certitude que ce qui m'arrive actuellement est vraiment une mauvaise affaire pour moi ? Quels en sont les désavantages réels ? Est-il possible que je ne voie pas actuellement les avantages de cette situation à court, moyen et long terme ? »

Lorsqu'on se pose de telles questions, c'est un indice que l'on est déjà sur la bonne voie pour trouver des solutions. On tente dès lors de voir l'événement dans une autre perspective.

L'idéal serait que l'on soit capable, lorsque se produit un incident, de se dire : « Je ne sais pas actuellement pourquoi ça m'arrive et je n'en vois pas encore les bons côtés, mais je vais tenter de les découvrir. Je vais tenter de me dire qu'il y a une raison pour laquelle tout cela se produit. Je vais essayer de voir le bon côté des choses plutôt que leurs seuls aspects négatifs. »

Je vous entends déjà : « Facile à dire. Ce ne sont que de belles paroles. Dans la réalité, ça ne se passe pas comme ça. C'est excessivement difficile de voir les choses sous cet angle! » Vous avez raison.

Une fois encore, il faut songer que rien n'est facile. Toutefois, cela est toujours avantageux de commencer à percevoir les choses de façon différente. Commencer à être capable de se dire : « Bon, actuellement je ne vois pas pourquoi ça m'arrive, mais je vais tenter d'en trouver la raison, et je sais qu'avec le temps, je serai capable non seulement de voir que ce n'était pas une si mauvaise affaire, mais que peut-être ce fut la meilleure chose qui me soit arrivée. » Instantanément, le sentiment de tristesse diminuera et on se sentira déjà un peu mieux.

Bien entendu, si vous vous sentez mieux, vous serez en mesure d'adopter des comportements plus appropriés pour trouver un autre emploi ou pour rencontrer quelqu'un d'autre, si une rupture amoureuse était la cause de votre tristesse. Vous commencerez à accepter votre situation. Bref, en chassant les idées noires, vous vous orienterez vers un mieux-être.

Évidemment, ce n'est pas le même mode opératoire qui se met en branle lorsqu'on perd un être cher. Il est extrêmement difficile de voir le bon côté de cet événement. Par contre, ressasser constamment des idées du genre « Mon Dieu que c'est triste, mon Dieu que c'est terrible, ça n'a pas de sens » ne ramènera pas l'être cher à la vie et enfoncera plus profondément dans le désespoir et la tristesse. Il est normal de ressentir de la peine à la suite de la perte d'un être cher, mais ce n'est pas bénéfique d'alimenter ces émotions. Encore une fois, on a avantage à accepter la situation, parce que vivre de la tristesse constamment, pendant des semaines, des mois, voire des années n'aide en rien et cela ne fera surtout pas revenir la personne décédée.

Avec le temps et en travaillant ses idées, on se rend compte un jour qu'on a tout intérêt à accepter cette perte, à se dire : « Jamais je n'oublierai cette personne. » Il est évident que chaque fois que vous y penserez, il faudra vous concentrer très fort sur de beaux souvenirs, sur les bons moments que vous avez vécus ensemble, mais vous avez tout intérêt à accepter ce départ plutôt que de vous dire continuellement que c'est triste, que c'est une tragédie. À défaut de quoi, vous continuerez à entretenir un sentiment de tristesse qui risque de vous plonger dans un état de dépression.

Exemple

J'utilise souvent l'exemple suivant dans les ateliers que j'anime sur la gestion des émotions.

Le 6 décembre 1989 restera à jamais gravé dans l'histoire canadienne. Ce jour-là, en fin d'après-midi, un jeune homme armé entre à l'École polytechnique de Montréal et se met à tirer sur des jeunes femmes. Il en tue 14 et en blesse autant. Dans les jours qui suivent cette tuerie, le pays au complet est plongé dans l'incompréhension et la douleur. Le Canada tout entier se demande ce qui a pu pousser un jeune homme de 25 ans à tuer de sang-froid 14 jeunes femmes.

Dans une lettre trouvée sur lui, il affiche clairement sa haine des femmes et de l'École polytechnique, qui avait refusé sa candidature. Dans la lettre trouvée sur Marc Lépine, on peut lire : « Excusez les fautes. J'avais 15 minutes pour l'écrire. Veuillez noter que si je me suicide aujourd'hui 89/12/06 ce n'est pas pour des raisons économiques, mais bien pour des raisons politiques. Car j'ai décidé d'envoyer *Ad Patres* les féministes qui m'ont toujours gâché la vie. Depuis sept ans que la vie ne m'apporte plus de joie et étant totalement blasé, j'ai décidé de mettre des bâtons dans les roues à ces viragos. »

Comment survit-on à la mort d'une fille, d'une sœur ou d'une amie assassinée froidement par un Marc Lépine ? La mère et la sœur de Geneviève Bergeron, une victime du 6 décembre 1989, ont parlé, cinq ans après la tragédie, du deuil qu'elles avaient vécu. Les deux femmes estimaient s'en être sorties à bon compte.

Toutes les familles ne s'en sont pas sorties aussi bien. Ainsi, un des étudiants de l'École polytechnique qui a vécu le drame du 6 décembre s'est suicidé. Par la suite, ses parents se sont suicidés à leur tour.

Cette journée a été marquante pour moi, comme pour bien d'autres. À cette époque, je fréquentais un garçon, Martin, qui étudiait à Polytechnique; il en était à sa troisième année de génie mécanique. Certaines des filles décédées étudiaient aussi en génie mécanique, dans la même promotion que lui. Martin a perdu des amies dans cette tragédie.

Je me rappelle encore la tristesse qui m'avait envahie lorsque j'écoutais les reportages relatant les événements, et cette tristesse m'a suivie pendant longtemps. Encore aujourd'hui, 16 ans plus tard, j'en parle avec émotion.

Même après toutes ces années, je ne peux m'empêcher de penser aux victimes et à leurs familles, mais aussi aux filles qui, trois ans auparavant, avaient peut-être été refusées au programme de génie de cette prestigieuse institution.

On peut facilement imaginer leur déception lorsqu'elles avaient appris que, faute de notes satisfaisantes et pour cause de contingentement, elles ne pourraient être admises à l'École polytechnique. À ce moment-là, elles avaient sans doute vécu beaucoup de tristesse et de déception.

À la suite des événements survenus le 6 décembre 1989, je ne peux m'empêcher de penser que c'était finalement peut-être la meilleure chose qui pouvait leur arriver. Qui sait si elles n'auraient pas payé de leur vie leurs rêves de devenir ingénieures? Il n'y a pas de certitude absolue et de toute façon on ne le saura jamais, mais ça aurait pu être une possibilité.

Évidemment, lorsqu'on pense aux proches des victimes, il est difficile de se demander quel a été le point positif de cette perte. L'acceptation et le temps ont pu, j'ose l'espérer, amoindrir quelque peu leur douleur face à la mort d'un être cher. Il est cependant étonnant de constater que, face à cet événement, certaines familles ont su s'en sortir alors que d'autres ont sombré dans la tristesse infinie jusqu'à en mourir. Il convient ici de se demander pourquoi les réactions peuvent différer à ce point d'une famille à l'autre.

Certes, un événement du genre cause l'une des plus intenses douleurs qu'un être humain puisse vivre, mais probablement qu'avec une façon différente d'entrevoir la situation, les uns ont réussi à s'en sortir alors que les autres ont sombré dans le néant.

Chapitre 8

La révolte

Comme on l'a vu précédemment, la révolte est toujours motivée par un événement ou une situation. Bien entendu, la révolte est une émotion négative et néfaste, mais que beaucoup d'entre nous ressentons. Qui n'a jamais entendu quelqu'un dire : « Mon Dieu, tel événement me révolte », « La guerre me révolte », « Je trouve cela révoltant de constater que le gouvernement dilapide notre argent... »

Les idées menant à la révolte sont empreintes de la conviction que tel événement devrait être autre ou devrait se passer différemment : « Il n'y aurait pas dû y avoir de guerre, ça aurait dû être différent », « Le gouvernement devrait agir autrement. »

Encore une fois, plus ces idées tournent et retournent dans nos pensées, plus elles alimentent le sentiment de révolte.

Par ailleurs, la révolte s'exprime bien souvent à propos de situations auxquelles, malheureusement, on ne peut rien changer. On a beau être révolté contre la famine en Afrique, rester ici au Québec à simplement entretenir des idées de révolte, sans rien entreprendre pour tenter d'améliorer la situation, ne fait que susciter une émotion désagréable en nous.

Avant de sombrer dans la révolte, une seule question s'impose : « Puis-je changer quelque chose à la situation ou à l'événement qui me révolte ? » Si la réponse est oui, alors bravo, je peux décider de passer à l'action. Je vais faire des gestes concrets qui vont améliorer la situation. Si l'on est révolté par la famine en Afrique, que l'on prend l'avion et que l'on va apporter son aide aux Africains ou qu'on leur envoie de l'argent, voilà des gestes concrets. Mais la plupart du temps, on ne fait que se dire : « Ça n'a pas de bon sens ! » On compatit, on sent monter un sentiment de révolte et pourtant, dans le fond, on sait pertinemment que l'on ne fera rien pour changer la situation.

Une fois encore, le meilleur moyen pour s'éloigner d'un tel sentiment néfaste est d'accepter ce que l'on ne peut pas ou ne veut pas changer. Bien sûr, les situations de guerre et de famine ne sont pas souhaitables, mais en tant qu'individu, pouvez-vous y faire quelque chose ? Quand bien même que, pendant des semaines, des années, vous ressentiriez de la révolte en vous répétant « Ça n'a pas d'allure, ça ne devrait pas être comme ça », si vous ne pouvez rien y changer, vous avez intérêt à accepter, à dire : « Je ne trouve pas agréable de voir qu'il y a de la guerre ailleurs, mais dans la mesure où je ne peux rien y changer et où je ne peux rien y faire, j'ai avantage à l'accepter. Accepter ne veut pas dire être d'accord, mais qu'est-ce que ça m'apporte d'épuiser mon énergie à vivre cette émotion et à continuer d'amplifier mes idées de révolte si je ne fais rien pour changer la situation ? »

Il ne faut jamais oublier que lorsqu'on vit des émotions désagréables à une intensité élevée, on investit de l'énergie au mauvais endroit.

Cas vécu 1

Claudette disait récemment : « Je trouve révoltant de voir que dans les foyers pour personnes âgées, certaines personnes ont des enfants qui ne viennent jamais les voir. Je ne peux pas concevoir qu'une situation pareille existe. »

Claudette disait cela parce qu'elle-même allait régulièrement rendre visite à sa mère, placée dans un foyer pour personnes âgées. Chaque fois, elle y constatait avec beaucoup de désolation et de révolte que des personnes âgées étaient seules et n'avaient jamais de visite. Pour elle, c'était une situation qui était tout à fait révoltante, inacceptable.

Plus elle entretenait ces idées, plus elle ressentait de la révolte, si bien qu'à un moment donné, il m'a fallu lui dire : « Écoute

Claudette, je comprends ta révolte, mais quand tu es dans cet état-là, te sens-tu bien ?

— Bien sûr que non. Des fois, je reviens de voir ma mère et je passe la soirée à penser à cela. Je n'en reviens pas, je ne comprends pas comment des gens peuvent agir ainsi. »

Au même titre qu'elle vivait de la colère contre les gens qui laissaient tomber leurs vieux parents, la situation la révoltait. Quand je lui demandais : « Et toi, que fais-tu ? As-tu le pouvoir de changer cette situation ?

— Bien non. Je ne peux pas forcer les enfants de ces gens-là à aller les visiter...

— Alors, qu'est-ce que cela te donne de vivre de la révolte, puisque tu dis toi-même que tu ne peux rien y changer. »

Claudette a commencé à penser qu'effectivement elle pouvait peut-être faire une différence dans la vie de ces gens-là. À la suite de cette discussion, elle a décidé d'aller une fois de plus par semaine au foyer et d'organiser une activité de groupe où toutes les personnes pourraient avoir du bon temps. Elle a proposé une partie de cartes, et les personnes âgées qui l'ont voulu ont pu s'amuser et échanger ensemble. Il est évident que cette activité n'a pas remplacé la visite des enfants auprès de ces personnes âgées souvent bien seules, mais au moins, pendant un moment, elles pouvaient se changer les idées et passer un agréable moment entre elles.

Claudette a alors déclaré : « Je peux faire une petite différence dans la vie de ces gens-là. J'essaierai de leur apporter un peu de bonheur en leur organisant quelque chose. »

Et, bien évidemment, sa révolte a diminué. Elle avait compris que si elle passait ses soirées à remuer sa révolte, cela ne la menait nulle part. Elle avait donc tout intérêt à investir cette énergie auprès de ces personnes seules afin de leur apporter un peu de bonheur.

Cet exemple illustre bien que la révolte est une émotion complètement inutile tant et aussi longtemps que l'on ne peut ou ne veut pas changer les choses. Toutefois, en prenant conscience que l'on peut faire une différence pour remédier à ce qui, à nos yeux, pose problème, on peut évacuer ce sentiment de révolte. On comprend alors que l'on a tout intérêt à se servir de cette énergie pour l'investir dans quelque chose de constructif.

Si, à l'avenir, une situation ou un événement vous incite à la révolte, consultez les tableaux de la section *Des idées aux émotions* et remettez vos idées en question. Posez-vous les bonnes questions, comme celle-ci par exemple : « Est-ce que, parce que quelque chose me paraît souhaitable ou préférable, cela devient automatiquement obligatoire ? »

Si, par exemple, vous pensez que c'est révoltant de constater qu'une entreprise a fermé ses portes et a congédié tout son personnel pour se relocaliser dans un autre pays plus concurrentiel, demandez-vous si, pour vous, cela ne paraît pas souhaitable. L'entreprise était-elle obligée de rester ouverte ? Évidemment, non. Pouvez-vous y changer quelque chose ? Fort probablement que non.

D'autres interrogations nous aident à remettre notre révolte en cause : « Existe-t-il une loi universelle qui proclame que la réalité doit se conformer à mes désirs ? »

Un jour ou l'autre, il devient avantageux d'avoir la capacité de lâcher prise à propos des choses sur lesquelles je n'ai aucun pouvoir. Si, par contre, j'ai le pouvoir d'y changer quoi que ce soit, alors j'ai tout intérêt à passer à l'action, à arrêter d'entretenir des sentiments de révolte et à faire des gestes qui vont probablement améliorer la situation en question.

Chapitre 9

Le découragement

Le découragement est une émotion commune à beaucoup d'entre nous face à divers événements de la vie. En regardant de plus près les tableaux de la section *Des idées aux émotions,* on se rend compte que les idées qui nous amènent à vivre du découragement se traduisent, entre autres, par des phrases comme celles-ci : « Je n'arriverai jamais à accomplir ce que je veux », « Je n'arriverai jamais à obtenir ce que je désire » ou encore « Ça ne marchera pas ; j'ai tout essayé ; c'est toujours pareil ; rien ne marche ; ça ne change pas ; ça ne changera jamais ; il n'y a rien à faire... » Voilà des phrases qu'on entend couramment.

Si chaque fois qu'une personne prononce ce genre de phrases, on la reprenait en lui disant : « Lorsque tu dis que tu n'y arriveras jamais, que tu as tout essayé, demande-toi si tu as réellement tout essayé », on se rendrait vite compte que la réponse serait non. Sur-le-champ, la personne répliquerait : « Mais non, tout, c'est un grand mot ; j'ai essayé beaucoup de choses, mais pas tout ! »

Il faut faire attention à la portée des mots que l'on choisit, parce que de prononcer des phrases aussi puissantes que « jamais, ça ne marchera jamais ; j'ai tout essayé ; c'est toujours pareil », c'est employer des mots trop forts et à connotation négative élevée, qui déforment complètement la réalité.

Cas vécu 1

Prenons l'exemple de Solange, qui vivait énormément de découragement face à ses deux adolescentes en difficulté. « J'ai tout essayé, disait-elle, j'ai l'impression que ça ne marchera jamais, je ne sais plus quoi faire. J'ai vraiment l'impression que ça ne changera pas et qu'il n'y a rien à faire avec mes deux filles. »

À force d'entretenir ces idées, il n'était guère surprenant de savoir que Solange éprouvait tant de découragement. Elle n'en menait pas large, et avec raison. Il a fallu commencer à analyser ses idées.

Je lui ai demandé : « As-tu vraiment l'impression d'avoir tout fait ? » Sur le coup, sa réaction a été : « Oui, j'ai vraiment tout essayé... » Sa réponse était prévisible, dans les circonstances.

En creusant un petit peu plus, on s'est bien rendu compte qu'il y avait beaucoup de choses qu'elle n'avait pas essayées. Mais Solange était tellement découragée, elle avait ressassé ces idées noires pendant des semaines, voire des mois. Elle se retrouvait impuissante, minée par le découragement.

Plus on ressent de découragement, moins on est en mesure de trouver des solutions pour régler les problèmes. Souvent, le fait de consulter, d'obtenir une opinion ou une aide extérieure aidera à regarder le problème sous un autre angle et, par le fait même, à vivre un peu moins de découragement.

La prochaine fois que vous sentez le découragement vous envahir devant une situation quelconque et que vous vous surprenez à vous dire « Je n'y arriverai jamais ; je n'arriverai jamais à obtenir ce que je veux ; ça ne marchera pas ; je n'y arriverai pas ; j'ai tout essayé ; c'est toujours pareil », n'oubliez pas de remettre en question ces idées négatives. Pour ce faire, vous pouvez vous demander : « Puis-je prouver avec certitude que je n'y arriverai pas ? Est-ce possible que, jusqu'à maintenant, je n'aie pas pris tous les moyens appropriés et que je n'aie pas mis les efforts suffisants pour atteindre mes objectifs ? »

Dans la réalité, en faisant appel à des idées réalistes, on sait très bien que l'on n'a jamais la certitude d'atteindre ses objectifs, mais on sait également que si l'on y consacre les efforts nécessaires et que l'on prend les bons moyens, il y a de fortes chances qu'on y arrive ou, à tout le moins, qu'on augmente les chances d'obtenir ce que l'on désire.

Cas vécu 2

On peut vivre du découragement à propos de plusieurs situations, comme c'est le cas de Marco. Depuis plusieurs années, à la suite d'un accident, il ressentait des maux de dos chroniques, surtout à la hauteur du cou. Évidemment, Marco était dans un très grand état de découragement lorsqu'il est arrivé à mon bureau pour la première fois. Il disait souvent : « J'ai tout essayé, j'ai consulté à peu près toutes les sortes de thérapeutes, j'ai été du côté de la médecine traditionnelle autant que du côté de la médecine douce, bref j'ai exploré toutes les avenues et il n'y a rien qui fonctionne, je souffre constamment, je suis découragé. »

En plus d'avoir mal physiquement, Marco était dans un état de dépression, il ne voyait pas la lueur au bout du tunnel. Il faut bien l'avouer, Marco avait vraiment essayé beaucoup de choses. Il avait été voir une multitude de spécialistes dans divers domaines, mais il souffrait toujours. On peut comprendre qu'à force d'essayer et d'essayer encore, et de voir qu'il n'obtenait aucun résultat, Marco était très découragé. Il n'avait plus la force de poursuivre ses recherches afin d'essayer de se guérir; pour lui, il était clair qu'il avait exploré toutes les avenues possibles et que rien ne fonctionnait.

En travaillant ses idées, Marco a commencé à considérer que, en plus de souffrir physiquement, le fait qu'il entretenait des idées excessivement négatives faisait en sorte qu'il s'enlevait quelques possibilités de résoudre son problème, de se guérir. Évidemment, de telles idées ne l'aidaient pas à poursuivre ses démarches et à accepter l'état dans lequel il était, même si c'était excessivement difficile.

En fait, Marco devait se demander pourquoi, en plus de souffrir physiquement, il devait souffrir sur le plan émotionnel à une intensité si élevée. Il n'avait plus aucune qualité de vie, il faisait un drame de tout et de rien. Par exemple, il disait : « Je suis dans la jeune vingtaine et j'ai tellement mal, je suis tellement fatigué que lorsque, par exemple, je vais souper avec des amis, à 20 h je dois rentrer parce que je suis trop fatigué. Je ne peux pas poursuivre la soirée avec eux. » Pour Marco, c'était un drame, une catastrophe, c'était très grave. Il avait aussi abandonné ses études universitaires, car il n'était plus capable de suivre la cadence de cinq cours par session. Pour lui, ça avait été un choc, cet abandon n'était à ses yeux qu'un constat d'échec.

Marco a dû travailler pour se rendre compte que bien qu'il fût limité sur le plan physique par rapport aux autres, cela ne l'empêchait pas d'avancer à son propre rythme. Petit à petit, il a appris à accepter sa condition, en prenant conscience qu'elle n'était pas irrémédiable, qu'il pouvait peut-être trouver des solutions pour reprendre ses études à temps partiel ou se diriger dans une autre branche. Une chose était certaine, sa vie n'était pas finie, il pouvait continuer d'avancer, à son propre rythme. Ainsi, au lieu de suivre une session universitaire à temps plein, il pouvait prendre un ou deux cours ; il pouvait accepter de souper avec ses copains tout en sachant que vers 20 h il lui faudrait rentrer, car sa condition faisait en sorte qu'il était fatigué, mais ce n'était pas une raison pour refuser les invitations.

À partir du moment où l'on commence à accepter certaines choses qui ne pourront pas être changées à court terme, on se sent déjà mieux. Et lorsqu'on se sent mieux, on est en mesure de voir plus clair, on peut trouver de nouvelles avenues, de nouvelles pistes, de nouvelles solutions qui contribueront peut-être à résoudre ou à réduire le problème. Par contre, tant et aussi longtemps que l'on vit du découragement à une intensité très élevée, tout ce que l'on fait c'est de s'engouffrer dans un état de dépression et d'y stagner. On n'est pas en train de trouver des solutions, on s'apitoie sur son sort. Vous me direz : « Oui, ça semble facile quand on le dit comme ça ! » En fait, ce n'est jamais facile. La preuve en est que l'on vit actuellement dans une société où bon nombre de gens sont constamment en état d'anxiété, de stress ou de découragement. Les taux de dépression sont alarmants. Ce n'est pas facile de changer ses idées, mais c'est possible et surtout souhaitable.

On peut toujours trouver, dans la vie, de bonnes raisons pour être découragé : ne pas se trouver d'emploi, manquer constamment d'argent, ne pas avoir beaucoup d'énergie, avoir de la difficulté avec ses enfants, penser que le comportement de son conjoint ne changera jamais, etc.

En ressassant ce genre d'idées, vous n'êtes pas en train de mobiliser vos pensées pour trouver des solutions. Vous alimentez plutôt votre sentiment de découragement, vous vous confinez dans un état négatif.

La première partie de la solution réside dans le fait de se mettre dans un état dynamisant afin d'essayer de trouver de nouvelles avenues, des solutions.

Chapitre 10

Croyances dynamisantes et limitatives

Tel que nous l'avons mentionné tout au long de ce livre, nos émotions proviennent des idées que nous entretenons à propos des événements, des situations et des personnes qui nous entourent. Évidemment, il convient de nous demander pourquoi certains individus ont plus de facilité à percevoir le bon côté des choses que d'autres, pourquoi certains arrivent à être plus équilibrés, sur le plan émotionnel et à avoir une vie plus enrichissante. Pour tenter de comprendre, nous explorerons dans ce chapitre le thème des croyances.

Qu'est-ce qu'une croyance ?

Une croyance est une chose que nous admettons comme vraie sans l'avoir vérifiée. Les croyances sont primordiales, elles nous aident à nous représenter ce que nous pensons être la réalité.

Nous entretenons des croyances sur ce que nous pensons être vrai. Pour les valider, nous recherchons en permanence dans la réalité ce qui viendra les confirmer.

Nous passons notre temps à « construire » des croyances, dont certaines sont profitables et un grand nombre nous rassure.

Nous tentons aussi très souvent de « valider » nos croyances. Une croyance peut aussi être définie comme une hypothèse que nous avons acceptée avec ou sans preuve et qui nous permet de prévoir et de bâtir notre avenir. Nos croyances deviennent les bases sur lesquelles nos modèles de comportements spontanés et fréquents sont élaborés.

Plusieurs de nos modèles de comportements nous incitent au succès. Cependant, certains modèles de comportements sont excessivement limitatifs. Ils peuvent abriter des colères incontrôlables, de vigoureuses réactions ou encore des peurs irrationnelles. Par exemple :

- la peur constante de manquer d'argent ;

- la peur de passer d'une relation insatisfaisante à une autre ;

- la peur de commencer des projets sans jamais les achever.

Les conflits internes

Lorsqu'on parle de croyances, on arrive parfois à la conclusion que celles-ci peuvent être à la base de certains de nos conflits internes.

Les conflits internes sont fréquents chez beaucoup d'individus. En voici quelques exemples.

1. Vous voulez vous adonner à votre loisir préféré dans le but de vous relaxer, mais votre discours intérieur vous dit que vous ne devriez pas, car vous avez des choses plus importantes et surtout plus productives à faire.

2. Vous souhaitez atteindre un certain nombre de vos objectifs financiers, cependant une partie de vous ne peut s'empêcher de dépenser chacune de vos paies et vous vous retrouvez en permanence sans le sou.

3. Vous désirez une relation de couple satisfaisante et enrichissante, mais une partie de vous entrevoit l'engagement comme une prison et vous n'attirez que des partenaires déjà engagés.

Dans des cas extrêmes, de tels conflits peuvent se traduire sous forme de culpabilité, de peurs irrationnelles, de colère, de jalousie, de découragement, voire de dépression.

Vous pouvez consciemment vouloir faire des changements, mais vos croyances limitatives continuent de maintenir vos vieux modèles de comportements. Voilà ce que représentent les conflits internes.

Si certaines de ces croyances nous limitent, il devient primordial de les répertorier pour ensuite les remettre en question.

Les différents types de croyances

Regardons maintenant les différents types de croyances.

1. Croyances portant sur les causes des situations problématiques

Ce sont des réponses non vérifiées portant sur les causes des situations problématiques. Elles répondent à des questions comme : « Pourquoi ? » ou « Qu'est-ce qui fait que... ? » Et la réponse est « Parce que... », suivi de la croyance.

Exemple :

- Pourquoi est-ce qu'il ne m'aime pas à ma juste valeur ?

— Parce que je ne suis pas digne d'être aimée.

- Qu'est-ce qui fait qu'elle agit comme cela envers moi ?

— Parce qu'elle est insensible à mes besoins.

2. Croyances portant sur les significations des situations

C'est le sens que nous attribuons à un événement. Il veut répondre à des questions comme : « Qu'est-ce que cela signifie ? » ou « Qu'est-ce que cela veut dire ? » La réponse est « Cela signifie que... » ou « Cela veut dire que... » suivi de la croyance.

Exemple

— Lorsque quelqu'un arrive en retard à un rendez-vous, cela me contrarie.

- Qu'est-ce que son retard veut dire pour toi ?

— Cela signifie qu'il n'a pas de respect pour les autres, et par conséquent pour moi non plus.

3. Croyances portant sur les limites

Ces croyances conduisent à une limite que l'on perçoit comme étant insurmontable. On entend souvent des phrases telles que : « Je ne suis pas capable de... », « Ce n'est pas pour moi, je n'y arriverai pas ! » ou « Je n'y peux rien, c'est comme cela. »

Exemple

— Je ne suis pas capable d'apprendre l'anglais, il n'y a rien à faire, ça ne rentre pas !

— Ce métier n'est pas pour moi, c'est un métier d'homme.

— Je suis vulnérable de nature, je n'y peux rien, je suis né comme cela.

4. Croyances portant sur les capacités

À ce stade, on parle de croyances à propos de ce qu'on se croit capable de faire. Ces croyances sont bonnes pour nous (dynamisantes). Elles peuvent ressembler à ceci : « Je sais que je peux finaliser ce projet à temps » ou « Je suis certaine que je vais réussir ce cours. »

Certaines croyances apparaissent clairement dans notre discours, comme par exemple : « Je me crois capable de faire cela. » Comme nous venons de le mentionner, cette croyance concerne les capacités. Mais parfois, nos croyances sont inconscientes ou dissimulées dans notre discours.

Pour découvrir nos croyances cachées, nous pouvons scruter dans trois directions :

• les comportements ;

• les sentiments ;

• le sens.

Questions qui examinent nos comportements

• Qu'est-ce qui m'empêche de... ?

• Que se passerait-il si... ?

• Qu'est-ce qui me pousse à... ?

Exemple

— Je ne peux pas le quitter !

• Qu'est-ce qui m'en empêche ?

- Que se passerait-il si je le quittais ?
- Qu'est-ce qui me pousse à rester avec lui ?

Questions qui examinent nos sentiments

- Qu'est-ce que je crains ?
- Qu'est-ce que je ressens ?
- Qu'est-ce qui me gêne ?

Exemple

— Je ne peux le quitter !

- Qu'est-ce que je crains à l'idée de le quitter ?
- Qu'est-ce que je ressens à l'idée de le quitter ?
- Qu'est-ce qui me gêne dans l'idée de le quitter ?

Questions qui examinent le sens

Nous explorons ici le sens que l'on donne aux situations et aux événements dans un contexte donné.

On peut y trouver des questions telles que : « Qu'est-ce que cela signifie pour moi ? », « Qu'est-ce que cela montre ? », « Qu'est-ce que cela prouve ? »

Exemple

« Le nombre de mariages a diminué considérablement ces dernières années. »

— Cela prouve que les enfants du divorce ont peur du mariage.

— Cela montre à quel point les jeunes adultes d'aujourd'hui n'ont plus le sens des valeurs.

Certaines croyances, bien que non vérifiées, sont vraies. Certaines croyances sont aidantes et, par conséquent, dynamisantes. D'autres croyances sont plutôt limitatives, et ce sont elles qu'il faut remettre en question.

Histoire

Vous êtes-vous déjà arrêté devant une cathédrale et, tout en contemplant cette extraordinaire architecture, vous est-il arrivé de vous demander comment on avait bien pu bâtir une œuvre aussi colossale avec les moyens d'antan?

C'est tout simplement parce qu'on y croyait, qu'on avait la conviction qu'on pouvait réussir.

Dites-vous que la plupart des gens qui échouent ou qui ne vont pas au bout de leur rêve ont un problème de croyances. Ils se croient incapables et pensent qu'ils n'y arriveront pas.

Supposez que vous puissiez parler à un enfant qui vient de naître et que vous lui faisiez part de tout ce qu'il va devoir apprendre et faire. Entre autres, apprendre à parler une langue couramment et même plus d'une, s'il naît dans une famille bilingue, apprendre à marcher, à manger, à lire, à écrire, à nager, etc. À sa place, n'affirmeriez-vous pas : « Je n'y arriverai jamais! » Et pourtant, vous y êtes arrivé!

Cas vécu 1

Voici l'histoire d'une amie, telle qu'elle me l'a racontée.

Sarah est issue d'un quartier défavorisé de Montréal. Ses parents vivaient de l'aide sociale, ses grands-parents aussi. Sarah et sa sœur ont grandi dans cet environnement, dans cet état d'esprit. Les derniers jours du mois, les deux fillettes allaient à l'école le ventre vide. Sarah avait de la difficulté à se concentrer parce qu'elle n'avait pas mangé et, évidemment, ses résultats scolaires s'en ressentaient : ils étaient médiocres. La famille n'avait pas assez d'argent pour nourrir ses filles correctement, et les parents attendaient avec impatience le chèque du premier du mois.

Sarah m'a raconté qu'un jour elle s'est dit : « Pour moi, ce sera différent. En vieillissant, j'aurai des enfants, mais jamais je ne vais leur faire vivre une situation pareille, parce que j'en ai trop souffert. Je ferai tout pour ne pas leur faire vivre cela. »

À l'inverse, la sœur de Sarah, Melissa, avait la ferme conviction qu'étant donné qu'elle avait grandi dans une famille pauvre, que ses grands-parents et ses parents vivaient de l'aide sociale, elle ferait la même chose. Elle était sûre qu'elle vivrait elle aussi des prestations gouvernementales toute sa vie. C'est ce qu'elle avait toujours vu.

Avec cet exemple, on se rend compte que deux personnes qui ont grandi dans un même milieu, dans la même famille, peuvent décider de croire en des choses différentes.

Sarah a pris la décision de croire qu'il serait un jour possible pour elle de s'en sortir, que ce serait différent. Elle a choisi de croire que si elle y mettait les efforts nécessaires, elle n'allait pas reproduire ce modèle familial, pour elle et ses enfants.

Melissa a de son côté décidé qu'elle emprunterait la même voie que ses parents. C'était ce qu'elle avait vécu, ce qu'elle avait appris. Pour elle, il était inévitable de reproduire la même chose.

Aujourd'hui, 35 ans plus tard, c'est exactement ce qui s'est produit. Sarah a toujours travaillé, a occupé des emplois intéressants, a eu des enfants et leur transmet des valeurs très différentes de celles qu'elle a reçues, parce qu'elle a osé croire que pour elle ce serait différent. Melissa mène elle aussi exactement le genre de vie qu'elle escomptait. Elle vit de l'aide sociale, elle a plusieurs enfants, et, tous les mois, elle attend son chèque du gouvernement.

Cet exemple n'exprime pas la volonté de porter un jugement sur les valeurs défendues par l'une et l'autre, ou sur la vie vécue par Melissa. Il s'agit simplement de démontrer comment deux personnes qui ont reçu la même éducation peuvent décider, un jour, d'emprunter des chemins différents, d'adopter des croyances qui vont fondamentalement changer leur vie.

J'ai eu l'occasion d'animer des ateliers sur les croyances limitatives et dynamisantes, il y a quelques années. Pendant l'atelier, je demandais aux participants de mettre par écrit les croyances qu'ils avaient. J'ai été très surprise des réponses de certains. En voici quelques-unes :

— Après 40 ans, la vie est finie.

— L'argent ne fait pas le bonheur.

— L'amitié entre un homme et une femme n'existe pas.

— On ne peut vivre le grand amour qu'une fois dans sa vie.

— Je suis né pour un petit pain.

— Les gens riches sont malheureux.

— Il est obligatoire d'aller à l'université pour avoir une profession intéressante.

— Je suis impuissant face aux événements de la vie.

— La dépression est héréditaire.

— À compter d'un certain âge, les cheveux longs donnent l'allure d'une traînée.

— Les gens tatoués sont tous des criminels.

— Les gens des minorités visibles sont paresseux.

— Les personnes qui ont recours à la chirurgie esthétique sont des êtres superficiels.

— L'adultère est impardonnable et brise le couple à tout coup.

— On ne doit pas parler de sexualité devant les enfants, c'est mal.

— Les personnes économes sont en fait des égoïstes.

— Le succès professionnel n'arrive jamais avant l'âge de 50 ans.

— Mon père était alcoolique, je le suis par conséquent.

— Les vendeurs sont tous des menteurs et sont malhonnêtes.

— Mes parents sont divorcés, je suis prédisposé à divorcer moi aussi.

Les croyances sont des idées auxquelles on adhère sans les remettre en question, souvent à cause d'une situation ou d'un événement vécu qui nous a ancré telle ou telle idée en tête.

Julien avait écrit : « On ne peut pas vivre deux fois un grand amour dans une vie. » Entretenir ce genre d'idée amène à vivre de nombreuses émotions. Pour Julien, c'était une croyance bien ancrée. Il avait déjà vécu un grand amour, et il avait la conviction, il en était sûr, qu'il ne pourrait pas revivre un tel sentiment une deuxième fois dans sa vie. Julien rencontrait d'autres femmes, mais il était convaincu par sa croyance qu'il lui était impossible de le revivre de nouveau. Il ne se donnait donc pas la chance de s'ouvrir encore à un grand amour.

À partir du moment où l'on parvient à reconnaître ses croyances, surtout celles qui nous limitent, et que l'on est capable de les remettre en question, certains aspects de notre vie peuvent changer, parfois du tout au tout.

Cas vécu 2

Prenons le cas de Stéphanie. À l'école, elle était assez forte, mais en mathématiques, elle n'avait pas vraiment les habiletés requises. Ce n'était pas sa matière préférée et ce n'était guère facile pour elle. Longtemps, Stéphanie a cru qu'elle était nulle en maths, comme beaucoup d'autres gens le pensent, d'ailleurs. Stéphanie l'a cru pendant toutes ses études secondaires. À son arrivée à l'université, cette croyance était fortement ancrée en elle. Bien entendu, lorsqu'elle a mis les pieds dans son premier cours de finances, elle n'avait qu'une idée en tête : « Mon Dieu, je suis tellement nulle en mathématiques, ça va être difficile pour moi ! » Arriva ce qui devait arriver, sa croyance s'est confirmée. Stéphanie a échoué ce cours de finances.

Toutefois, Stéphanie a pris conscience de cette croyance qui la limitait. Elle a fini par se dire : « Non, ce n'est pas vrai. Ce n'est pas parce qu'en 4e année j'ai eu une mauvaise note en mathématiques que je suis si nulle que ça et que ça doit me suivre toute ma vie. Je vais y consacrer les efforts nécessaires. Je ne suis pas plus folle qu'une autre, je vais arriver à réussir ce cours. »

Finalement, plusieurs années plus tard, en prenant un cours en mathématiques immobilières dans le cadre d'une formation en immobilier, Stéphanie s'est rendu compte que cette croyance à propos des mathématiques était anéantie, qu'elle n'était plus présente dans ses pensées.

Stéphanie a consacré beaucoup d'efforts à son cours de mathématiques immobilières, et elle l'a réussi avec une note plus qu'intéressante.

Tout cela venait lui confirmer combien est bénéfique la répétition d'idées réalistes telles que : « Si j'y mets les efforts, je vais être capable d'y arriver. Peut-être cela va-t-il me demander un peu plus d'efforts qu'un autre étudiant qui a la bosse des

mathématiques. C'est possible. Mais en y mettant les efforts nécessaires, je peux réussir !» Voilà des phrases plus réalistes qui ont
sûrement contribué à la réussite de son cours.

Cas vécu 3

*Prenons le cas de Patrick, rencontré dans un centre commu-
nautaire. Ce jeune homme de 18 ans avait la forte conviction qu'à
60 ans, la vie était finie. En l'interrogeant un peu plus pour savoir
ce qui lui faisait croire une telle chose, on s'est aperçu que son
grand-père vivait avec ses parents et lui. À partir de ses 60 ans,
le grand-père s'était assis dans son fauteuil. Toute la journée, il
ne faisait que regarder la télévision. Il avait l'air d'un homme
excessivement malheureux.*

Or, devant cet exemple, Patrick avait adopté l'idée qu'à 60 ans,
la vie était finie. Il fallait rapidement remettre en question cette
croyance excessivement limitative.

Étant donné que cette anecdote a été racontée lors d'une
réunion de groupe, tous les participants ont été invités à citer des
exemples de gens de leur entourage qui, passés la soixantaine,
étaient encore très actifs, semblaient heureux et ne passaient pas
leurs journées assis dans un fauteuil.

Plusieurs des amis de Patrick sont intervenus dans la discussion.
«Mon grand-père a 72 ans, il a couru un marathon dernièrement.»
«Ma grand-mère fait du bénévolat, elle a 68 ans, elle est super en
forme. Elle s'entraîne deux fois par semaine.»

Le but était de détruire la croyance de Patrick, de remettre en
question l'idée que ce jeune se faisait des gens de 60 ans et plus.
Le danger de croire à des idées du genre, c'est de les reproduire.
Si, toute son existence, Patrick avait pensé que la vie est finie à
60 ans, il y a de forts risques qu'arrivé lui-même à 59 ans, il aurait
sombré dans une terrible dépression en songeant qu'il aurait été
à 1 an de l'échéance du «ma vie est finie». Imaginez le drame.
Alors que, dans la réalité, on a plein d'exemples qui nous prouvent
que cette croyance est tout à fait erronée pour la bonne majorité
des gens.

Pour se défaire de ses croyances, il faut donc se référer à des exemples autour de soi.

La plupart des jeunes de foyers communautaires dans lesquels j'interviens proviennent de familles éclatées. La plupart d'entre eux n'ont pas eu de modèle de parents qui s'aimaient, et souvent l'une de leurs croyances est que l'amour sincère et profond entre deux personnes n'existe pas. Ils n'y croient pas, tout simplement parce que ce modèle n'existe pas dans leur famille. Dans ce cas, ils doivent rechercher dans leur entourage, des parents, des amis, des exemples de couples qui sont heureux, qui semblent bien fonctionner et grâce auxquels ils peuvent croire que l'amour est possible. Même s'il n'y en a qu'un seul exemple autour de soi, il faut s'y raccrocher. Cela permet de croire que c'est possible. Même en ayant un seul bon modèle, il est dès lors possible de se dire : « Si eux peuvent le faire, moi aussi j'en suis capable, si je le désire ! »

Exemple

Pendant de nombreuses années, le monde de l'athlétisme a cru qu'il était impossible de courir le mille (1 500 m) sous les quatre minutes. Pourtant, Sir Roger Bannister a réalisé l'exploit (3 min 59 sec 4/10) en 1954. Quand on l'a interrogé pour savoir comment il avait pu réussir un tel exploit, il a répondu qu'au cours de son année de préparation, non seulement il s'était entraîné, mais il s'était visualisé en train de battre le record. Et c'est ce qui est arrivé.

Il est intéressant de noter que dans toute l'histoire de l'athlétisme, cela ne s'était jamais vu. Toutefois, l'année suivante, plusieurs coureurs de fond ont réussi eux aussi à courir le mille en moins de quatre minutes, et encore plus d'athlètes deux ans plus tard. Que s'était-il donc passé ? En fait, beaucoup d'athlètes ont vu que c'était possible. Certains ont pu se dire : « Je m'entraîne avec lui tous les jours, je mange à peu près la même chose, je m'entraîne aussi fort que lui, si lui est capable de le faire, pourquoi pas moi ! »

À partir du moment où l'être humain croit que quelque chose est possible, il augmente ses chances de réussir. C'est ce que l'on appelle le pouvoir des croyances dynamisantes.

Encore une fois, à la lumière de ces exemples, on comprend que chaque être humain possède en lui des croyances dynamisantes, bonnes pour lui, et qu'il doit continuer à les entretenir. Par contre, d'autres croyances nous limitent et font en sorte que nous nous pensons incapables de réussir quelque chose.

Parmi les croyances limitatives, on peut trouver celle-ci : « Je n'ai pas étudié beaucoup. J'ai arrêté au secondaire, donc je ne peux rien faire de ma vie. » Il faut remettre cette croyance en question, parce que ce n'est pas nécessairement vrai.

Si ce sont des adolescents qui tiennent ces propos, il faut les inciter à poursuivre leurs études. Toutefois, il ne faut pas leur faire croire que, puisqu'ils ont arrêté leurs études ou veulent les arrêter, ils ne pourront rien faire de leur vie. C'est totalement faux. On peut citer de multiples exemples de gens autour de nous qui prouvent que c'est faux. On connaît tous des gens qui ont réussi à monter des entreprises extraordinaires malgré un faible niveau de scolarité.

Des croyances dynamisantes, nous en avons tous. En voici quelques-unes.

- « J'ai la conviction que, quoi qu'il arrive dans ma vie, je serai toujours capable de trouver des solutions. »
- « J'ai la conviction que tout ce que je touche, je le réussis ! »
- « J'ai la conviction qu'on peut trouver l'amour à tout âge. »

Quelles belles croyances dynamisantes !

Lorsque vous croyez que, quoi qu'il arrive, vous trouverez toujours le moyen d'être heureux, la plupart du temps, c'est ce qui se produira.

De la croyance à la conviction

Voyons maintenant comment transformer une croyance en conviction. Tout d'abord, quelle est la différence entre les deux ?

Vous connaissez déjà la définition d'une croyance. La conviction se veut pour sa part encore plus puissante. Les convictions poussent à agir en raison de l'intensité émotive que l'on y associe.

Certaines personnes ayant des convictions solidement ancrées peuvent très bien se mettre en colère si on les contredit à ce propos. Les convictions peuvent cependant être excessivement utiles. Voici les deux étapes à franchir afin de transformer une croyance en conviction :

1. choisissez l'une de vos croyances de base ;

2. renforcez cette croyance à l'aide de nouvelles références plus puissantes.

Exemple

Normand a la croyance qu'il y aura toujours du travail pour lui à un endroit ou à un autre. Parce que Normand entretient cette idée, il ne vit pratiquement aucun stress par rapport à la fermeture possible de son usine, contrairement à la majorité de ses collègues de travail.

Afin de transformer cette croyance en conviction, Normand devra aller se chercher des références puissantes lui confirmant qu'il a raison de penser ainsi.

Par exemple, Normand pourrait se dire : « J'ai toujours travaillé depuis mon jeune âge et je n'ai jamais eu de difficulté à me trouver des emplois. Je possède plusieurs talents que je n'ai pas l'occasion d'exploiter dans mon emploi actuel mais que je pourrais exploiter ailleurs. De toute façon, je serais même prêt à recommencer au bas de l'échelle s'il le fallait, car je sais qu'une fois embauché, quelque mois suffiraient pour que je puisse faire mes preuves et accéder à un poste plus intéressant. »

Bref, en allant chercher des preuves solides de ce qu'il croit, Normand sera encore plus convaincu de sa croyance. Celle-ci, transformée en conviction, le poussera à poser les gestes appropriés dans le cas où son entreprise fermerait effectivement ses portes, et à ne pas vivre de stress inutilement.

Dans son ouvrage *L'éveil de votre puissance intérieure*, Anthony Robbins relate un fait non seulement très intéressant mais tout aussi surprenant ; le voici.

« Le pouvoir des convictions a été démontré de façon frappante lors d'études portant sur des patients ayant de multiples personnalités. En raison de l'intensité de leurs croyances et de la conviction qu'ils sont devenus quelqu'un d'autre, leur cerveau déclenche des réactions physiologiques différentes; ces réactions sont quantifiables et ont des conséquences étonnantes. Leurs yeux changent de couleur, des cicatrices ou des taches de naissance disparaissent et réapparaissent, et même des maladies telles que le diabète ou l'hypertension artérielle disparaissent, puis se manifestent de nouveau. Tout cela découle de la manifestation des croyances du patient et du fait qu'il est profondément convaincu d'être quelqu'un d'autre. À un niveau moins sensationnel, mais tout aussi important, quelles transformations se sont produites dans votre vie lorsque vous avez modifié une croyance?» (Robbins, Anthony. *L'éveil de votre puissance intérieure,* Le Jour, éditeur, 1993.)

Vous trouverez à la fin de ce chapitre un outil d'intégration vous permettant de vous exercer à transformer vos croyances en convictions.

Briser ses croyances limitatives

À l'inverse, pour briser une croyance limitative, vous aurez à vous poser diverses questions. En voici quelques-unes.

- En quoi cette croyance est-elle ridicule?

- Si je ne me débarrasse pas de cette croyance, quel prix devrai-je payer?

- Quel prix paieront les gens qui m'entourent?

- Cette croyance peut-elle affecter mes relations, si je ne l'abandonne pas?

- La personne qui m'a inculqué cette croyance était-elle le meilleur modèle de comportement pour moi?

- Puis-je prouver hors de tout doute que ce que j'affirme est vrai?

- Puis-je trouver des preuves du contraire?

Exemple

Si Anne-Sophie a la croyance que la dépression est héréditaire et si sa mère a souffert de dépression à plusieurs reprises dans sa vie, elle risque à son tour de faire une dépression parce qu'elle est convaincue que c'est héréditaire. Lorsque des moments plus difficiles se présenteront dans sa vie, elle sera peut-être portée à se laisser envahir par des sentiments de dépression plus facilement qu'une autre personne, justement à cause de cette croyance.

Il devient alors important, dans un cas comme celui-ci, de briser cette croyance au plus vite en se posant des questions comme les suivantes :

- En quoi cette croyance est-elle ridicule ?

- Puis-je prouver hors de tout doute que la dépression est réellement héréditaire ?

- Est-il possible que certaines personnes dont les parents sont dépressifs ne le soient pas à leur tour ?

- Comment puis-je prouver que ce que j'affirme est vrai ?

- Puis-je aller chercher des preuves du contraire ?

Ces questions permettraient à Anne-Sophie de remettre en question ses croyances limitatives et, par le fait même, de les briser.

Commencez donc à répertorier les croyances qui vous nuisent et remettez-les en question. Vous verrez les changements que cela peut générer dans votre vie.

Outil d'intégration 5

Croyances et convictions

1. Transformez une croyance dynamisante que vous avez en conviction.

Croyance :

_____

Pour transformer une croyance en conviction, vous devez la renforcer par de nouvelles références puissantes.

Références :

_____

_____

_____

_____

_____

2. Débarrassez-vous d'une de vos croyances limitatives.

Croyance :

_____

Exemples de questions à vous poser pour remettre en question une croyance limitative.

- En quoi cette croyance est-elle ridicule ou absurde ?
- Que peut-il m'arriver, si je n'abandonne pas cette croyance ?
- Cette croyance peut-elle affecter mes relations, si je ne l'abandonne pas ?
- Quel prix paieront les êtres qui me sont chers, si je n'abandonne pas cette croyance ?
- Quel prix finirai-je par payer en matière de santé, si je n'abandonne pas cette croyance ?

Outil d'intégration 6

Maîtriser ses émotions

Afin de maîtriser vos émotions, voici quelques questions à vous poser.

1. Qu'est-ce que je souhaite vraiment ressentir ?

_____

_____

_____

2. Que faut-il que je crois, pour continuer à éprouver les mêmes sentiments ?

_____

_____

_____

3. Que suis-je prêt à faire pour trouver une solution et pour passer à l'action ?

_____

_____

_____

4. Quelle leçon puis-je tirer de cela ?

_____

_____

_____

Remerciements

Un merci particulier à mes parents. Vous m'avez transmis tout ce dont j'avais besoin pour parcourir la vie avec autant de force. Merci de toujours avoir cru en moi et de m'avoir soutenue dans les périodes un peu plus sombres de ma vie. Merci de me réitérer constamment votre fierté à mon égard. Merci d'être ce que vous êtes, des parents généreux avec des qualités de cœur incomparables.

Merci à mon cher Louis-Jean, tu es entré dans ma vie à un moment culminant de celle-ci. Merci de m'accepter telle que je suis et de m'encourager, même dans mes projets les plus fous. Merci pour ta grande sagesse du cœur et ton éternel optimisme. C'est ce qui m'a attirée vers toi, en tout premier lieu. Le temps m'a permis de découvrir tellement d'autres belles qualités chez toi.

Merci à ma famille, à ma belle-famille, à mes amies et à tous les gens qui m'entourent. Merci de faire partie de ma vie et de croire en moi, chacun à votre façon.

Je vous aime tous énormément.

STÉPHANIE

Conclusion

Loin de penser que je détiens la vérité ultime, j'ai la ferme conviction que vous verrez des changements dans votre vie émotive si, j'ose l'espérer, vous décidez de passer à l'étape faisant suite à la lecture de ce livre : celle d'appliquer sur une base quotidienne les concepts et les techniques que nous avons explorés ensemble.

Je le redis, il n'est pas facile de changer sa façon de voir les choses ; il n'est pas non plus facile de changer son attitude dans une certaine situation quand on a l'habitude de réagir de façon inappropriée. Mais une chose est certaine, il n'est pas non plus souhaitable d'être continuellement à la merci de ses émotions ; d'être constamment victime des autres ou de la vie. Avec un peu d'efforts, vous pouvez changer votre existence diamétralement. Retenez ce précepte : vous êtes maître de vous-même, vous avez le pouvoir d'influer sur votre discours intérieur afin de vous sentir mieux.

Je souhaite vous avoir amené à prendre conscience qu'il est possible d'accéder à un meilleur équilibre émotionnel avec un peu d'efforts et beaucoup de constance dans l'utilisation des divers outils que vous détenez maintenant.

Bonne route, et au plaisir de vous croiser en chemin.

Bibliographie

AUGER, Lucien, *L'amour de l'exigence à la préférence*, Éditions de l'Homme, Montréal, 1979.

AUGER, Lucien, *105 jours pour apprendre à prendre soin de soi*, Collection Micro-thérapie, CFPPERQ inc., Laval, 1992.

AUGER, Lucien, *21 jours pour apprendre à apaiser votre anxiété*, Collection Micro-thérapie, CFPPERQ inc., Laval, 1994.

AUGER, Lucien, *S'aider soi-même : une psychothérapie par la raison*, Éditions de l'Homme, Montréal, 1974.

CAFAT, *Programme prolongé de thérapie de groupe*, Cafat inc., Laval, 1996.

HADDOU, Marie, *Avoir confiance en soi*, Flammarion, Paris, 2000.

LEROUX, Patrick, *Le secret des gens actifs, efficaces et équilibrés*, Éditions Impact Formation, Île-des-Sœurs, 1999.

ROBBINS, Anthony, *L'éveil de votre puissance intérieure*, Edi-Inter, Genève, Le Jour, éditeur, Montréal, 1993.

ROBBINS, Anthony, *Progresser à pas de géant*, Un monde différent, Saint Hubert, 1997.

WILSON, Paul, *Le grand livre du calme*, Éditions J'ai lu, Paris, 1995.

Lectures et documents audio suggérés

AUGER, Lucien, *Vivre avec sa tête ou avec son cœur*, Éditions de l'Homme, Montréal, 1979.

AUGER, Lucien, *105 jours pour apprendre à prendre soin de soi*, Collection Micro-thérapie, CFPPERQ inc., Laval, 1992.

AUGER Lucien, *21 jours pour apprendre à apaiser votre anxiété*, Collection Micro-thérapie, CFPPERQ inc., Laval, 1994.

AUGER Lucien, *S'aider soi-même : une psychothérapie par la raison*, Éditions de l'Homme, Montréal, 1974.

BORGIA, Diane, coffret *Amour toxique,* www.cfpperq.com

GAWAIN, Shakti, *Techniques de visualisation créat*rice, Éditions Visez soleil, Genève, 1984.

GOLEMAN, Daniel, *L'intelligence émotionnelle : comment transformer ses émotions en intelligence,* Robert Laffont, Paris, 1997.

GOLEMAN, Daniel, *L'intelligence émotionnelle 2 : cultiver ses émotions pour s'épanouir dans son travail,* Robert Laffont, Paris, 1999.

HANSEN, Mark Victor et Robert G. ALLEN, *Le millionnaire minute,* Éditions AdA, Varennes, 2003.

HILL, Napoléon, *Réfléchissez et devenez riche,* Le Jour, éditeur, Montréal, 1980.

JETTÉ, Andrée, *La gestion du stress par l'humour* (vidéocassette) www.andreejette.com.

KIYOSAKI, Robert T. et Sharon L. LECHTER, *Père riche, père pauvre,* Éditions Un monde différent, Saint-Hubert, 2000.

KIYOSAKI Robert T. et Sharon L. LECHTER, *Père riche, père pauvre (la suite),* Éditions Un monde différent, Saint-Hubert, 2001.

HULL, Raymond, *Vouloir, c'est pouvoir,* Éditions de l'Homme, Montréal, 1977.

LEROUX, Patrick, *Le secret des gens actifs, efficaces et équilibrés,* Éditions Impact Formation, Île-des-Sœurs, 1999

LÉVESQUE, Ghyslain, *Choisir de réussir,* Éditions Mots en toile, Montréal, 2005.

MORENCY, Pierre, *Demandez et vous recevrez,* Éditions Transcontinental, 2002.

MORGAN, Michèle, *Pourquoi pas le bonheur,* Édition Libre expression, Montréal, 1979.

PONDER, Catherine, *Les lois dynamiques de la prospérité,* Éditions Un monde différent, Saint-Hubert, 1996.

ROBBINS, Anthony, *Pouvoir illimité,* Robert Laffont, Paris, 1986.

ROBBINS, Anthony, *L'éveil de votre puissance intérieure,* Édi-Inter, Genève, Le Jour, éditeur, Montréal, 1993.

ROBBINS, Anthony, *Progresser à pas de géant,* Éditions Un monde différent, Saint-Hubert, 1997.

Sites Internet

Ressources en développement, Les psychologues humanistes :
    www.redpsy.com

Autodéveloppement : www.psychologue.montreal.com

Institut Unescorps : www.croyancesdebase.com

Centre de ressources Croixsens : www.croixsens.net

Votre santé avec Doctissimo : www.doctissimo.com

Formation à la communication, coaching : www.jecommunique.com

Liste des tableaux

Pour assister au séminaire
L'atteinte de l'équilibre émotionnel

Remplissez ce document et réservez à la date voulue sur notre site Internet (www.stephaniemilot.com).

Nom et prénom _____

Adresse _____

Téléphone   (Résidence) _____

(Travail) _____

Courriel _____

Nom et adresse du libraire _____

_____

Je désire être abonné <u>gratuitement</u> à la « Chronique de la réussite »

Signature _____

Vous devez obligatoirement avoir ce document original ainsi que le livre en main pour assister au séminaire.

Séminaires et Conférences Stéphanie Milot inc.
www.stephaniemilot.com
(514) 730-8318

Valide de janvier à décembre 2006 seulement. Voir les dates des séminaires sur notre site Internet.

Séminaire sur l'atteinte de l'équilibre émotionnel

Venez apprendre à :

- démystifier la fausse croyance qui veut que les événements et les personnes qui nous entourent soient la cause de nos émotions;
- identifier diverses situations et événements qui fournissent l'occasion de ressentir des émotions désagréables;
- prendre conscience des idées irréalistes que nous entretenons à propos de ces occasions;
- identifier les croyances et les idées qui nous amènent à vivre des émotions désagréables;
- identifier les mécanismes psychologiques qui régissent nos émotions et s'entraîner à des démarches pratiques susceptibles de ramener l'intensité, la durée et la fréquence à des degrés moins pénibles et nuisibles;
- utiliser une stratégie sur le plan de la pensée (cognitif) s'accompagnant d'une démarche sur le plan de l'action (comportemental);
- adopter de nouveaux comportements appropriés à la suite de la prise de conscience de nos divers mécanismes cognitifs et comportementaux nocifs;
- atteindre un équilibre émotionnel sur les plans personnel et professionnel.

Il est important de comprendre les mécanismes qui régissent la présence d'émotions en nous, de sorte que nous puissions arriver à les gérer à notre avantage plutôt qu'à notre détriment.

L'objectif de nos séminaires est de vous fournir des outils qui vous permettront de changer complètement vos stratégies comportementales face à de multiples situations vécues sur les plans personnel et professionnel.

Pourquoi favorisons-nous aussi le côté personnel dans nos séminaires? Vous conviendrez qu'il est difficile de le dissocier du côté professionnel. Au cours de leur vie, beaucoup d'individus auront à faire face à diverses épreuves ou difficultés souvent inévitables. Comment minimiser l'impact de ces revers sur notre travail? Comment ne pas transposer ces derniers dans notre vie professionnelle? Comment atteindre l'équilibre entre notre vie personnelle et professionnelle?

La réponse se trouve dans l'équilibre émotionnel. Cet objectif ultime est sûrement le travail d'une vie entière, mais nos séminaires vous permettront d'en explorer les étapes et vous donneront les outils nécessaires à l'amorce de ce changement dans votre vie.

N'oubliez jamais que le chemin pour se rendre à destination fait aussi partie intégrante du processus de changement.

Bon voyage, et au plaisir de vous croiser en route!

Stéphanie Milot

Informez-vous sur les autres séminaires offerts sur notre site Internet (www.stephaniemilot.com) ou en composant le (514) 730-8318.

CONFÉRENCE OBJECTIF MIEUX-ÊTRE !

Une heure des meilleurs moments des séminaires de Stéphanie Milot.

Au cours de cette conférence vous apprendrez à :

- remettre en question les façons de penser qui vous causent souvent des émotions désagréables;

- briser vos croyances limitatives et renforcer vos croyances dynamisantes;

- regarder objectivement les événements quotidiens de la vie et dédramatiser quand c'est nécessaire;

- modifier les comportements inadéquats qui nuisent à l'atteinte de vos objectifs;

- diminuer votre stress et à le transformer en énergie positive.

Séminaires et Conférences Stéphanie Milot inc. se spécialise dans la formation sur mesure en entreprise. Voici la liste des formations offertes. Ces formations varient d'une demi-journée à deux jours.

1. La gestion de conflit
   - Le conflit vu comme un problème de groupe.
   - Développement de la responsabilisation des individus.
   - Gestion de l'intensité émotionnelle.
   - Identification des besoins des deux parties.
   - Identification des effets sur les individus et sur l'organisation.
   - Techniques de négociation.
   - Discussion du problème.
   - Négociation d'un compromis et recherche de solutions.

2. Le langage non-verbal en affaires : un outil puissant
   - Savoir distinguer une attitude positive d'une attitude négative chez votre interlocuteur.
   - Déceler une hésitation, un doute ou une objection.
   - Déchiffrer les besoins de l'autre partie.
   - Modeler vos attitudes sur celles de votre vis-à vis.
   - Influencer le comportement pour mieux convaincre.
   - La place qu'occupe le non-verbal dans une communication.
   - L'impact du non-verbal sur nos communications.
   - Les techniques pour accroître sa force de persuasion non verbale.
   - Le langage du corps qui conduit à l'échec.
   - Le langage du corps qui conduit au succès.
   - Les huit catégories de langage du corps.
   - Les cinq pôles de communication non verbale à observer.
   - Le décodage de vos interlocuteurs.
   - La technique pour reconnaître les différents signaux d'achat.
   - Une stratégie de réaction en trois étapes.

3. L'équilibre émotionnel dans l'organisation

    ➢ Démystifier la fausse croyance qui veut que les évènements et
      les personnes nous entourant soient la cause de nos émotions.

    ➢ Identifier diverses situations et évènements qui nous fournissent
      l'occasion de ressentir des émotions désagréables.

    ➢ Prendre conscience des idées irréalistes que nous entretenons à
      propos de ces occasions.

    ➢ Identifier les croyances et les idées qui nous amènent à vivre des
      émotions désagréables.

    ➢ Identifier les mécanismes psychologiques qui régissent nos émo-
      tions et s'entraîner à des démarches pratiques susceptibles de
      ramener l'intensité, la durée et la fréquence à des niveaux moins
      pénibles et nuisibles.

    ➢ Utiliser une stratégie au niveau de la pensée (cognitif) s'ac-
      compagnant d'une démarche au niveau de l'action (comporte-
      mental).

    ➢ Adopter de nouveaux comportements adéquats suite à la prise
      de conscience de nos divers mécanismes cognitifs et comporte-
      mentaux nocifs.

    ➢ Atteindre un équilibre émotionnel individuel et par conséquent
      organisationnel ayant pour objectif le mieux-être collectif des
      membres de l'entreprise.

4. L'animation de groupe

    ➢ Les caractéristiques du leadership et son développement.

    ➢ Techniques d'animation efficaces.

    ➢ Éléments et facteurs qui influent sur la dynamique de groupe.

    ➢ Éléments favorisant un climat de collaboration.

    ➢ Auto-analyse de ses propres comportements au sein d'une équipe
      de travail.

    ➢ Stratégies pour éviter les attitudes et comportements créant un
      climat défavorable au sein de l'équipe.

    ➢ Mise en œuvre d'un plan pour optimiser le travail d'équipe et
      la motivation.

    ➢ L'animation de grand et de petit groupe.

    ➢ La façon de s'adresser aux différents types d'auditoire.

    ➢ L'importance d'être à l'écoute du langage non verbal.

    ➢ L'identification des personnalités de l'auditoire (visuel, auditif,
      kinesthésique).

5. Communiquer efficacement (le langage d'influence)

- Les obstacles à la communication.
- Communication verbale et non verbale.
- Les avantages de la communication affirmative et non affirmative.
- Comprendre et tirer profit de la communication non verbale.
- Maîtrise des diverses techniques de communication efficace.
- Attitudes et comportements à adopter pour améliorer nos communications.

6. La force du travail d'équipe

- Éléments et facteurs qui influent sur la dynamique de groupe.
- Éléments favorisant un climat de collaboration.
- Auto-analyse de ses propres comportements au sein d'une équipe de travail.
- Les principaux outils de résolution de conflits.
- Stratégies pour éviter les attitudes et comportements créant un climat défavorable au sein de l'équipe.
- Mise en œuvre d'un plan pour optimiser le travail d'équipe et la motivation.

7. Comprendre les comportements du consommateur

- Processus de reconnaissance des besoins.
- Comprendre le type psychologique des consommateurs afin de déceler leurs besoins.
- Techniques de questions pour déterminer leurs besoins.
- Comprendre les étapes du processus de décision d'achat.
- Déterminer à quelle étape du processus décisionnel se trouve le client.
- Comportements et attitudes susceptibles de produire un effet favorable sur le comportement d'achat.
- Caractéristiques d'une approche susceptible d'influencer la décision d'achat.

8. Développer vos habiletés de vente 1

- Règles à appliquer au moment de la prise de contact avec le client.
- Techniques d'accueil.

➢ Types de questions liées à l'étude des besoins.

➢ Techniques de reformulation des réponses du client.

➢ Les caractéristiques, les avantages et les bénéfices; comment s'en servir!

➢ Stratégies pour répondre aux objections.

➢ Principes à respecter au cours d'une négociation.

➢ Reconnaissance des signes verbaux et non verbaux révélant une volonté d'achat.

➢ Stratégies de fermeture de vente.

➢ Proposition de produits ou services complémentaires ou supplémentaires.

➢ L'importance du service après-vente.

9. Développer vos habiletés de vente 2

➢ Techniques de vente par suggestion.

➢ Techniques de vente croisées.

➢ Stratégies pour fidéliser la clientèle.

➢ Tirer profit de la rétroaction de nos clients.

➢ Traiter les plaintes de façon efficace.

10. L'art de vendre au téléphone

➢ Les règles d'éthiques au téléphone.

➢ Les caractéristiques de la voix.

➢ Techniques d'écoute et de communication au téléphone.

➢ Techniques pour éviter le filtrage d'appel.

➢ Poser les bonnes questions pour établir les besoins du client.

➢ Stratégies pour contrer les objections.

➢ Stratégies pour conclure la vente par téléphone.

11. Gérer son temps efficacement

➢ Reconnaissance des divers chronophages.

➢ Moyens pour contrer les chronophages.

➢ Stratégies pour contrer la procrastination.

➢ Attitudes à adopter pour faciliter la gestion de temps.

➢ Processus de planification des activités.

➢ Conditions et processus de délégation efficace.

12. La prospection efficace

> ➤ Préparation de la visite de prospection.
> ➤ L'importance du premier contact.
> ➤ Différents moyens de prise de rendez-vous.
> ➤ Diverses stratégies en vue d'une prospection efficace.

13. Développer vos habiletés de négociation

> ➤ La préparation des négociations.
> ➤ Se fixer des objectifs clairs.
> ➤ Anticiper les réclamations et les réactions de l'autre partie.
> ➤ Développer une stratégie.
> ➤ Discussion efficace du problème.
> ➤ Proposition d'une solution (win/win).
> ➤ Négociation d'un compromis.
> ➤ Finalisation d'un accord.

14. Motiver vos employés et vos gestionnaires

> ➤ Les déclencheurs de motivation.
> ➤ Comment développer sa motivation intrinsèque ?
> ➤ L'importance de la motivation extrinsèque.
> ➤ Les éléments qui activent, orientent et maintiennent la motivation.
> ➤ Les éléments de satisfaction et d'insatisfaction.

15. Psychologie et gestion des personnalités difficiles

> ➤ Qu'est-ce qu'une personnalité difficile et comment y faire face ?
> ➤ Gérer vos émotions face à diverses situations et personnalités.
> ➤ Types de personnalités : apprendre à reconnaître les traits de caractère et les comportements.
> ➤ Déceler les personnalités difficiles en entrevue.
> ➤ Apprendre les principes de motivation des personnes difficiles.
> ➤ Comment communiquer avec une personnalité difficile ?
> ➤ Techniques de résolution de conflits.
> ➤ L'impact d'une personnalité difficile sur votre équipe de travail.

16. Gestion du changement

> Prendre conscience que le changement ne disparaîtra pas.
> Évaluer les problématiques reliées au changement et y faire face.
> Les émotions reliées au changement.
> Les effets prévisibles du changement.
> Reconnaître les phases de résistance et les gérer.
> Notre responsabilité face au succès du changement.
> L'acceptation du changement.
> Comment communiquer en temps de changement ?
> Bâtir nos forces personnelles de gestion en temps de changement.
> Évaluer et améliorer notre tolérance au changement et au stress.

17. Gestion du stress

> La provenance du stress.
> Les idées à la base du stress.
> Remettre en question votre façon actuelle de penser qui vous cause du stress.
> Prendre conscience de vos croyances limitatives et dynamisantes.
> Briser vos croyances limitatives et renforcer vos croyances dynamisantes.
> Regarder objectivement les évènements quotidiens de la vie et dédramatiser quand c'est nécessaire.
> Modifier vos comportements inadéquats qui nuisent à l'atteinte de vos objectifs.
> Diminuer votre stress et le transformer en énergie positive.

18. Développer vos habiletés de supervision

> Comprendre l'importance de la communication dans la supervision.
> Développer des habiletés de communication de ses attentes et des habiletés d'écoute active.
> Déléguer efficacement.
> Développer sa capacité à apporter des critiques constructives.
> Apprécier la performance des personnes que l'on supervise.
> L'éthique et le sens de la justice en supervision.
> Concilier travail et vie personnelle.

19. Leadership et pratique de direction (coaching d'équipe)

- ➤ Comprendre la dynamique des rapports supérieurs / subordonnés.
- ➤ Prendre conscience des valeurs et des croyances qui sont à la base de la réalité de gestionnaire.
- ➤ Accroître sa maîtrise des habiletés de direction susceptibles de faire de ses subordonnés de meilleurs gestionnaires.
- ➤ L'exercice de l'autorité et du leadership.
- ➤ La gestion du changement.
- ➤ L'utilisation d'une communication efficace.
- ➤ La gestion d'une équipe de travail.

20. L'échelle de la catastrophe

- ➤ Apprendre à percevoir les évènements dans leurs justes perspectives.
- ➤ L'impact de la dramatisation dans notre quotidien.
- ➤ Le stress provient en majeure partie de notre tendance à dramatiser.
- ➤ Apprendre à ne plus anticiper inutilement.
- ➤ Reprendre le contrôle de votre vie.
- ➤ Adopter des comportements adéquats en toutes circonstances.
- ➤ Être plus productif tout en conservant votre énergie vitale.

21. Les croyances dynamisantes et limitatives

- ➤ Découvrir une approche complète et efficace de solution de vos conflits internes.
- ➤ Développer votre habileté à communiquer.
- ➤ Faire l'inventaire de vos croyances limitatives et dynamisantes
- ➤ Comment renforcer une croyance dynamisante et la transformer en conviction ?
- ➤ Le pouvoir de la conviction.
- ➤ Briser vos croyances limitatives.
- ➤ Améliorer votre esprit de décision.
- ➤ Apprendre à changer vos réactions face à certaines situation,
- ➤ Découvrir un outil efficace pour travailler avec vous-même,
- ➤ Augmenter votre confiance pour passer à l'action.

22. Les techniques de présentation efficaces

- ➤ Employer des habiletés de communication efficaces, particulièrement dans le contexte de présentations.

➢ Planifier et préparer vos présentations.
➢ Évaluer les besoins de votre auditoire.
➢ Structurer une présentation en fonction d'objectifs précis.
➢ Identifier les défis qui pourraient se présenter et adopter une stratégie de réaction appropriée.
➢ Employer des techniques qui suscitent l'engagement et l'intérêt de l'auditoire.
➢ Utiliser correctement les méthodes d'appui audio et visuel.
➢ Employer des techniques d'évaluation constructives pour identifier vos forces et les éléments à améliorer.
➢ Élaborer un plan d'action pour cibler les points qui requièrent une amélioration.

23. La science du conditionnement neuro-associatif (changer n'importe quel aspect de votre vie)

➢ Décider ce que vous voulez vraiment et ce qui vous empêche de l'obtenir.
➢ Trouver une motivation à vouloir changer.
➢ Abandonner votre modèle limitatif.
➢ Apprendre à briser vos modèles affectifs et comportements limitatifs.
➢ Trouver un nouveau modèle dynamisant.
➢ Reproduire le nouveau modèle jusqu'à ce qu'il devienne constant.

24. La PNL; un outil de gestion puissant!

➢ Les origines de la PNL et ses applications.
➢ Apprendre à utiliser l'ancrage afin d'accéder en tout temps à un état dynamisant.
➢ Découvrir comme utiliser l'état d'association et de dissociation afin d'être en plein contrôle de vous-même.
➢ Découvrir comment votre inconscient contrôle votre vie et comment vous pouvez modifier certaines habitudes.
➢ Découvrir les caractéristiques d'une communication efficace.
➢ Comprendre les systèmes de représentation sensorielle (visuel, auditif et kinesthésique) et les voies d'accès à ces systèmes.
➢ Apprendre à vous synchroniser de façon verbale et non verbale pour établir un rapport avec une personne ou un groupe.
➢ Utiliser les techniques de recadrage verbal pour transformer vos perceptions et agrandir votre répertoire de choix.

25. Le service à la clientèle hors pair

> Le modèle pour un service à la clientèle hors pair.
> Le développement de l'empathie.
> Comment établir sa crédibilité au téléphone ?
> Comment refléter des intentions honnêtes ?
> L'établissement de bons rapports avec les clients.
> Le contrôle des attitudes défensives.
> Le modèle pour remédier aux situations conflictuelles et au négativisme.
> La façon de traiter avec les clients difficiles.
> Une technique d'écoute active.
> Des techniques de questionnement et de résolution des problèmes.
> Comment obtenir l'accord du client ?

Pour de plus amples informations sur nos formations, contactez nous au (514) 730-8318 ou visitez notre site Internet au :

www.stephaniemilot.com

ou écrivez-nous à

info@stephaniemilot.com

Inscrivez-vous **gratuitement** à notre « **Chronique de la réussite** » via notre site Internet et recevez hebdomadairement divers outils et stratégies afin d'améliorer votre vie personnelle et professionnelle.

Cet ouvrage a été composé en Sabon
corps 11,5/13,5 et achevé d'imprimer au Canada
en septembre 2005 sur les presses de Quebecor World
Lebonfon, Val-d'Or.